一名尋道者的開悟之旅

Om Swami
嗡斯瓦米——著　賴許刈——譯

If Truth Be Told
A Monk's Memoir

僅此向我的雙親、哥哥拉揚（Rajan）和
姊姊烏帕薩娜（Upasana）獻上永恆的感激，
謝謝你們總是支持我。

目錄

Om bhadraṁ karṇebhiḥ śṛṇuyāma devāḥ,
bhadraṁ paśyemāśabhir-yajatrāḥ.
Sthirair-aṁgais-tuṣṭuvāṁsas-tanūbhiḥ,
vyaśema devahitaṁ yad-āyuḥ.

願吾等耳聽善言、眼見善事。
神啊，
願吾等在有涯之生過得滿足而健康，
謳歌祢的榮耀。

——《梨俱吠陀》第一卷第八十九首第八節

序言

如果你問我，我會說人類這物種還挺奇怪的，因為我們在已經擁有的東西之外，彷彿總想要一點別的。我們既能無私得不得了，又能自私到極點。我就是活生生的例子，因為我自認是個好人，也不認為自己做得出惹親人傷心的事情。然而，一旦受到慾望的驅使，我隨隨便便就傷了他們的心。

一天早晨，我起床做好準備，照常出門上班，傍晚下班後，我卻沒回家。相反地，我搭上一列火車。火車載著我離開既定的一切，離開我愛的人，離開我所擁有的財富。我沒有給家人任何預警，甚至連一點暗示也沒有，就那樣走掉了，儘管我很清楚跨出這一步就沒有回頭路。

並不是我沒有想過他們的感受，我想過了，但我選擇忽視，因為我再也無法推遲自己內心的呼喚。我不想再過每天早上起床上班、工作一整天、傍晚回家吃晚餐、最後上床睡覺的日子，只因大家都是這樣過日子的，只因這樣才是「正常」的。到底是誰決定怎樣叫正常？如果我必須按照別人定下的規矩和條件過活，那麼「我的」人生目標是什麼？倘若我有任何人生目標可言，那我個人的目標是什麼？

過去十年來，我賣力賺取的物質財富在我眼前一字排開，但說到底，車子、房地產和銀行存款都是沒有生命的東西。它們向來沒有生命，這些東西我生不帶來，死後肯定也不會帶去。拚命賺取這些東西是爲了什麼？還有，不管爲了什麼，値得嗎？

有無數次，我都安慰自己總有一天我會找到人生目標。但當種種疑問像鼓一般在腦袋裡悶聲敲打，自我安慰的力道就愈來愈弱。疑問之鼓每敲一下，鼓聲就愈來愈響、愈來愈近，逐漸蓋過周遭所有樂音，任它是鳥兒婉轉的啁啾、淅瀝瀝的雨聲，還是母親慈愛的話語和父親關懷的語句。什麼都再也聽不到了，更別說悅耳動聽。

把截至當時爲止我所努力的一切拋諸腦後，將親手打造的一切夷爲平地，揮別認識的每一個人，我對自己的過去感到漠然。我只是一個漠不關心的陌生人，就像破曉抹去了黑夜，離開物質世界抹去了我所知的人生。

我從一間網咖寄了電郵給家人和摯友，告訴他們我要走了，而且不知何時回來，或會不會回來。我不帶感情、無動於衷地刪掉電子信箱帳號、毀掉SIM卡、手機送人，斬斷過去三十年來的物質生活，撕掉定義了我這個人的標籤——兒子、弟弟、朋友、執行長、工商管理碩士、同事，整個人脫胎換骨地走出網咖。

這個煥然一新的存在是赤裸的。不，我不是指赤身裸體、一絲不掛。而是指身為僧侶，我什麼也沒有、什麼也不是，無名無姓，甚至沒有一個身分。唯有在這種空空如也、如其所是的狀態之下，我才能被自己迫切尋求的東西填滿，亦即一份眞實的內在生活。

1 第一步

我退掉旅社房間，走出來到擁擠的大街上，一眼看到一輛人力三輪車，就揮手攔下車來。

「去哪？」車夫問我。

「河壇。」

「哪個河壇？這裡有很多河壇欸。」

我沒料到他會這樣問，我哪知道瓦拉納西（Varanasi）有很多河壇啊。

「就載我到隨便一個河壇都可以。」

「先生，我沒辦法隨便載你去一個河壇，到時你就會說你要去的不是這裡。」

「好吧，那你說一個。」

「達薩斯瓦梅朵河壇（Dashashwamedh Ghat）。」

「好，就去那裡。」

打從一九九五年以來，我就不曾坐過人力三輪車。想當初十五年前的我，還是個受到物質主義誘惑、朝物質享受努力的少年。現在，年屆三十，我要做恰恰相反的事情。三輪車沒變，但方向變了；人沒變，但優先順位變了。

我以爲接下來要去的是寧靜的河畔，不料我大錯特錯。河壇的人多到難以用筆墨形容，就像煩躁的腦袋擠滿繁雜的思緒，就像蟻群湧上一隻昆蟲的屍體。

我對印度並不陌生，人生最早的十八年，我都在這個國家度過。然而，我卻天眞地以爲在瓦拉納西會看到印度不同的一面。我的腦海對此地留有既定印象，那是我不曾親眼見過，但透過閱讀中世紀文獻形成的印象——它是恆河河畔的光之城，是一座滿是學者、聖僧、密續修行者、瑜伽士及其他精神生活追尋者的古城。

我遊蕩了一會兒，不知道要去哪裡。我久仰泰蘭斯瓦米（Telang Swami）❶的大名，他是一百多年前恆河畔的得道高僧。在他入三摩地的地方應該有一間寺院才對，在我的想像中，那是恆河畔一間寧靜的寺院，可敬的修行者在德高望重的上師指導下，坐在老榕樹下專心靜坐。我詢問了一番，沒人知道什麼寺院。

我心想，不如去看看這座城市另一個我聽過的地方——馬尼卡尼卡河壇（Manikarnika Ghat），那是河邊的火葬場，二十四小時都有屍體在那裡焚燒。我期待看到密續修行者在火葬柴堆前誦經，舉行玄奧的儀式。我走回大馬路，攔下另一輛三輪車。時間將近中午，天氣熱得受不了。我設法催眠自己現在才三月中旬而已，但完全沒有收到心靜自然涼的功效。

「你能載我去馬尼卡尼卡河壇嗎？」

「可以，先生，但我不能一路把你載到目的地，只能在附近放你下來。」

「多少錢？」

「二十盧比。」

我跳上三輪車，車夫騎得很慢，但車子在繁忙的馬路上穩步前進。有幾次，車夫甚至得下車，推著車鑽過擁擠的人群。我注意到他光著腳，即使太陽在噴火，路面就像著火的煤礦場，除了熱還是熱。

「你怎麼不穿雙拖鞋呢？」

「我剛買拖鞋的那天，鞋子就在一間神廟裡被偷了。」

「這一帶我不熟。麻煩你在鞋店停一下，我想買雙拖鞋給你。」

「我沒關係的，兄弟。」

「你叫什麼名字？」

「馬哈什．庫莫。」

編按：●為譯註。

❶「斯瓦米」為印度對出家人的稱呼，意思相當於師父、尊者。

「別擔心，馬哈什，我還是會付這一趟的車資。」

過了一下子，我瞥見一間小鞋店。馬哈什不是很想停下來，我實際上得命令他停車。我爬下車，打手勢要他跟我到店內，他難爲情地跟著我走進去。

「先生，你好。」店員說著請我坐下。我朝在門口徘徊的馬哈什招手，叫他來沙發坐下，他心不甘情不願地照做。

年輕的店員倒了一杯水給我。

「請把這杯水給馬哈什。」我說：「他才是你今天的顧客。」

「還是別買拖鞋，改買涼鞋好了？穿涼鞋可能比較好。」我對馬哈什說。

「您說了算。」

店員到店鋪後頭，幾分鐘後拿了一雙涼鞋過來。顏色是米色，有著深咖啡色的鞋帶和亮晶晶的不鏽鋼扣環，看起來很舒適。他把涼鞋遞給馬哈什。

「請你幫他穿上，就像你平常服務其他客人一樣。」我說。

馬哈什緊張地看著我，我看著他的眼睛，對他點點頭。他的臉上立刻露出笑容，他把兩隻腳伸出來，讓店員套上涼鞋。我看看馬哈什黝黑、俊俏的臉龐，和他歪七扭八、積了牙斑的黃板牙。他的大眼睛裡洋溢著滿足的神色，感覺很溫暖。有他的笑容，我這一整天就值得了。

現在，馬哈什興致勃勃地踩著三輪車。穿著那雙新鞋，他那滿是塵土、粗糙龜裂的腳丫子彷彿重獲新生。我看著他的腳一上一下地踩著踏板，霎時間，店鋪、噪音、高溫……周遭的一切似乎都淡去了，我眼裡只看見那雙猶如在跳宇宙之舞的腳丫子。一邊的踏板升上去，一邊的踏板降下來，每個動作就像行雲流水一般完美協調。

馬哈什在離馬尼卡尼卡河壇最近的地點放我下車。

步下三輪車時，我警告他：「你如果又去那間神廟，別再把你的鞋子放在外面了。」

「我不會的。」他說。

我給他一張五十盧比的鈔票。

「先生，我怎麼能收你的錢呢？」

「請你收下吧。你收下的話，我會很高興的。」

他繞過三輪車，彎下腰來要摸我的腳❷。我抓住他的手腕，把他拉了起來。我說：「你只有三種情況應該低下頭來，一是在神面前，二是在長輩面前，三是在上師面前。」

我把錢塞進他手裡就走了，心裡想著馬哈什不該局限於當一個三輪車夫，他可以當職員、警衛、長官、主管。平心而論，沒人活該去過苦其心志又勞其筋骨的生活。這個人生活在民主國家，但這樣他就自由了嗎？國家沒有照顧他，同胞並不尊敬他。他沒有住好房子的自由，也沒有掙脫例行勞務和艱苦困境的自由。我想馬哈什大概從來不曾度過一次假吧，滿足日常所需對他已是奢求，除了滿足日常所需外，我不認爲他這輩子有過奢侈的享受，而他的日常所需永遠不得滿足。仔細想想，他和我沒有什麼不一樣，我們都被自己的需求束縛。只不過他的需求比較具體，而且攸關生死存亡；我的需求比較抽象，而且是我自找的。

我一路摸索著朝馬尼卡尼卡河壇前進。依我看，印度大概沒有一個地方的街道像瓦拉納西這麼擁擠了吧，至少我自己不曾看過這麼擁擠的街道。你的鼻子要是稍微大了點，只要轉個頭，就可能撞到東西。嗯，幾乎啦。我不知道自己是怎麼走到馬尼卡尼卡河壇，反正我終於走到了。

一座火葬柴堆熊熊燃燒，另一座差不多都化成灰了，殘灰中不時有悶燒的餘燼冒出火光，地上四處散落著陶甕的碎片。火化時打破滿滿一甕子的水是印度教的習俗，象徵死者的靈魂斬斷人世所有羈絆。陶甕象徵肉身，打破陶甕象徵釋放困在肉身中的靈魂。

這裡沒有聖僧，沒有神祕學的術士，沒有精益求精的密續修行者或瑜伽士招手邀我加入悟道之旅。相反地，火葬堆周圍坐著賣木頭、檳榔和茶的小販，數不清的人、牛、狗、貓兜來轉去。

搞半天，河壇令我大失所望，於是我又開始四處詢問泰蘭斯瓦米的寺院。我問了很多人，其中似乎有一個人知道，他朝某個方向比劃。我沿著狹窄的街道走去，兩旁有搖搖欲墜的破舊建築，也有販售各種商品的店鋪。爲了閃避瘋狂的車流，我鑽進蜿蜒的巷弄中，

❷此處所述為印度的觸腳禮，印度人以彎身摸對方的腳表達敬意，以頭頂碰觸對方的腳則更隆重。

經過緊挨著彼此的房屋，經過停放在路邊的摩托車，經過在摩托車旁玩耍的孩童，盡量避開腳下一攤攤的禽畜屎尿。

四十五分鐘後，走得又累又絕望，我停了下來。眼前沒有什麼寺院，也沒有人看過那座寺院。我在路邊坐下，擦掉額頭的汗珠，想著接下來要怎麼辦。幾分鐘後，我抬起頭，鏘鏘鏘鏘！就在我的右邊，一塊牌子以印度文寫著：「泰蘭斯瓦米瑪塔」。瑪塔就是廟宇的意思。

我走進去。一名中年男子坐在普加拉❸的座位上，他整個人圓滾滾的——頭是圓的，臉是圓的，軀幹、肚腩、手腳都是圓的。一名理髮師在我後面跟著進來，他從包包裡拿出工具，開始幫這位祭司剃頭。我靜靜看著，歷經外頭灼人的高溫後，我享受著廟裡的陰涼。過了幾分鐘，理髮師收拾好東西，直接離開了，沒有金錢交易，或許他們一個月結一次帳之類的。

我問這位祭司有關泰蘭斯瓦米的事，像是繼承他衣缽的弟子啦、他當初住的寺院啦等等。他說沒有繼承衣缽的弟子，也沒有什麼寺院，這座廟就是一切。而且，就算願意付錢，這裡也不供人住宿。

我有種遭到背叛的感覺，雖然不知道是誰背叛了我。「泰蘭斯瓦米就埋在那裡。」他指了指寺廟院子裡的角落。我走到泰蘭斯瓦米墳前向他祈禱：「請帶領這個迷失的靈魂，喔，斯瓦米，請帶領我找到自己的天命。」

走出廟時，那位祭司叫住我，問我到底想找什麼。我說我想找一位上師，想剃度出家，去過棄絕俗世的生活。他說我沒有必要出家或找上師，他說我應該去結婚，過正常的生活。

正常的生活？這世上沒有所謂正常的生活。某個人眼裡的正常，在另一個人眼裡可能再異常不過。瑜伽士認爲這世界不正常，世人活得像禽獸一樣，滿腦子無非食和色。世人卻覺得瑜伽士是浪費生命的傻子，成天坐在那裡什麼也不做，人生有這麼多樂事，瑜伽士

❸印度語「大祭司」之意。

卻不懂得享樂。

當然，我沒對這位祭司說這些。我沒興趣跟一個既不了解我的迫切、也不了解我的起心動念的人多費唇舌。

我又朝河壇邁進。時間將近下午三點，太陽現在甚至更毒辣了，我這一整天都還沒吃東西。早上，我找不到任何「不」賣油炸食品的地方。下午，我忙著自己的開悟求道大業，水壺已經空了幾小時，我的肚子真切地感受到什麼叫做飢腸轆轆。

我分不清東南西北，不知道自己是離河壇愈來愈近，還是愈來愈遠。一看到街上人潮銳減，我就知道自己走錯方向了。恰好，我看到那裡有幾間旅館，就問他們有沒有空房，我只想找個涼快、安靜的地方躺一下。說也奇怪，每間旅館都問我從哪裡來、有多少人要住宿、要住幾天，問完這一串問題，他們就會跟我說沒有房間了。這就怪了，如果沒有空房，他們爲什麼要問我一堆問題？

我繼續前進，最後終於來到河邊。印度的文獻說了很多「母親河」❹神聖的重要性。

我必須要說，她的「孩子們」對她造成的汙染超乎想像。看著骯髒的河水從身旁流過，我搖搖頭，覺得既噁心又難以置信。我看過截至赫爾德瓦爾❺為止的恆河，那裡的水很乾淨，但這裡是怎麼回事？我想像中的光之城、聖城中的聖城到哪去了？我決定不要在這段河道沐浴，只在心裡默默向神聖的恆河致敬。母親還是母親，不管她的穿著打扮怎麼樣。

「按摩嗎？」我抬起頭，看到一旁站著的男人。

「不按摩。我需要一位嚮導。」

「沒問題，先生，就由我來當你的嚮導。」

「這一帶你很熟嗎？」

「先生，我很熟。」

「你怎麼收費？今天接下來的時間，我都需要你帶我走，說不定明天也要。」

❹ Ganga Maiya，即指恆河，印度人將之奉為聖河、母親河。

❺ Haridwar，印度北部的朝聖城市，位於距離恆河源頭兩百五十三公里處。

「你隨意就好。」
「一天兩百五十盧比?」
「好的,先生。」
「那我們走吧。」
「我幫你拿包包。」他好心提議道。

過了幾分鐘,我才意識到肩上的重量卸下了。行李這種東西就是這樣——你習慣背著它到處走。你知道它很重,但那份重量不知不覺成爲你人生的一部分。唯有當你從肩上卸下行李,感覺到那份輕盈,你才會意識到自己一直以來背負的重量。

馬尼西帶我去了兩間民宿,他們也問我一樣的問題。最後,我的嚮導爲我解開謎團,他解釋這些民宿或旅館的員工不忙著工作,也不忙著看電視上的板球比賽,他們只是很想跟人聊天,好藉此打發時間。他們沒有空房可供住宿,但很樂意跟陌生人聊聊天。

找不到投宿的地方,我請馬尼西帶我去規模較大的飯店,但他說這裡沒有大飯店。我發覺他其實對這一帶不熟,他說很熟是騙我的。無論如何,我現在餓壞了,我們成功找到一間耆那教素食餐廳，他們供應的餐點不含蔥蒜。我不吃蔥蒜，所以菜單正合我意，但食物卻不合我的胃口。這家的菜色淡而無味，但我累到沒力氣抱怨，而且我的頭很痛，服務生送什麼上來，我就吞什麼下肚，我的嚮導倒是看起來吃得津津有味。離開餐廳後，我從小雜貨店買了兩瓶冰水。打開第一瓶，我先洗了把臉，再把剩下的水往頭上倒。第二瓶我一口氣喝光。

我們重新開始找落腳處時，時間將近晚上六點。最後，我們終於走運在波伽民宿找到一間空房。我讓馬尼西下班，請他第二天早上再過來。

即使現在有房間休息，我卻因爲疲倦和脫水睡不著覺。從我尿液的顏色明顯看得出脫水的情形，我都不知道自己的身體這麼虛。曾幾何時，我每天打羽毛球，在高爾夫球場一連打幾小時的球，定期練舉重和跑十二英里，而這一切感覺起來都輕而易舉。但今天，只是在「眞實」的世界中待上一天，我的體力就透支了。我還以爲自己很強壯、健康，沒想到只是錯覺而已。

我發覺自己的身體完全沒準備好，只怕耐不住出家要吃的苦。如果我連一天的高溫都受不了，又怎麼受得了長時間的修行和苦行僧艱辛的生活？我不知道如何讓身體做好吃苦受罪的準備。然而，我知道生活自會教導我，只要保持開放和心甘情願的態度。

我躺在那裡，想著自己截至當時爲止的世俗之旅。

2 僧人

家母在很虔誠的家庭長大，環境養成她對宗教人物的崇敬。只要有高僧或聖僧來到我們鎮上，她從不錯過尋求僧人開示的機會。

一天，她聽說來了一位非比尋常的聖僧。趁著上班日的午休時間，她跑去求這位聖僧賜福。據聞他從不睡覺，眼睛甚至眨也不眨一下。多數時間他都沉默不語。他雲遊四海，從不在一個地方待超過一夜，而且從不回到同一個地方。

他一看到我母親就說：「在末伽始羅月❶，當月亮漸盈，妳會生下一個特別的孩子。」

❶ Margashirsha，印度曆的九月。

我母親自幼被教導不要質疑聖僧，但她沒料到這位難得開口的僧人會說出如此吉言。

「巴巴吉❷，我已經有兩個孩子了。」

「無所謂。」這位苦行僧說：「歷經長久的等待，我們當中的一位聖僧要降世了。」

我母親的心一沉。他們當中的一位聖僧？意思就是這孩子不會擁有正常的生活，他將捨下俗世的一切。她垂下頭，一語不發地坐著，設法冷靜下來。

「是的，他將棄世出家。」聖僧看穿家母的心思道：「他出生時，請妳記得我說的話，代我為他獻上聖羅勒，在他的嘴唇塗上聖羅勒葉的汁液。」

家母向他鞠躬便起身離開。她的思緒一團混亂，她的家庭已經很完整了，不需要生第三個小孩。然而，想到要失去第三個孩子，讓這孩子成為四處化緣的苦行僧，她還是覺得難以承受。

「妳只是媒介而已，不要抗拒神的旨意。」聖僧給她一撮聖灰時說：「在斷食節（ekadashi）服下這些香灰。他出生時，天上會降下花瓣，空中會有一道彩虹。」

家父日後會告訴我，我的出生或許得僧人金口預言，但肯定不在計畫之內。失去第一個孩子之後，家父家母生了一兒一女，對於第三個孩子，他們既無計畫，也不抱希望。但在聖人的金口預言十五個月後，在末伽始羅月，月亮漸盈的第十二夜，我在一家公立醫院出生了。

除了一點毛毛雨，天上沒有掉別的東西下來，空中也不見彩虹。我在家父或任何一位親戚趕到醫院之前就呱呱墜地。習俗上一般由母親的兄弟舉行的賜蜜禮（gutti），亦即爲新生兒抹上一點蜂蜜的儀式，改成由護士代勞。不過，我母親倒是記得要帶聖羅勒葉。她搓搓葉子，擠出汁來，爲我的嘴唇沾上聖羅勒葉的汁液。家父在我出生一小時後趕到，爲我命名阿密特（Amit）。

家母對僧人的預言守口如瓶，暗自希望能改寫命運。要到三十多年之後，我已然棄世出家，她看到穿著赭色僧袍的我，才鬆口透露多年前的這段插曲。

❷巴巴吉（Babaji）為印度語對僧人的尊稱，另可簡稱為巴巴（Baba）。

＊＊＊

光陰似箭、日月如梭，現在我五歲了。暑假剛開始，一天，我爸媽在辦公室，哥哥姊姊和我在家裡。拉揚和迪迪❸在外面玩，但我對他們玩的遊戲沒興趣。爲了找點事來做，我瀏覽起客廳的櫥櫃，在底層發現一疊漫畫。受到好奇心的驅使，我坐在地上翻開漫畫看了起來。

不一會兒，我就對迷人的圖畫著了迷，儘管我讀不懂書中的語句。但令人驚訝的是，當我用心去讀對話框中的文字，一筆一畫、一字一字，句子一一成形。這就是我的文字閱讀初體驗。

以前，媽媽每晚都會念床邊故事給我聽，但我現在發現了一個故事新世界。我所讀到的每個字都帶給我無法解釋的樂趣，我不禁邊讀邊笑。感覺就像故事中的人直接對我說話，親自把整個精采的故事說給我聽。感覺就像我和故事中的人一起走過黑暗的森林，他舉起一盞燈爲我指引方向。我們每走一步，眼前就亮起來，全新的世界隨之展開。我坐在那裡，讀了一集又一集，整個上午就這樣一分一秒過去。

最後，午餐時間到了，迪迪進來喊我吃飯。我不理她，我不想吃飯，我想看漫畫。她來喊了一次又一次，每次我都叫她走開。她自己也只有十一歲大，但身爲長姊，她要負責盯我吃午餐。媽媽在出門上班前就先爲我們做好午餐了。

「已經下午四點了，現在就去把你的午餐吃掉。」

我只顧看漫畫。

「阿密特？」

我沒反應。

「阿密特！我在跟你說話。」

「我不想吃東西。」

❸ Didi，印度語中對姊姊的尊稱。

她過來親親我的臉頰說：「時間很晚了，拜託你去吃午飯。」

她知道如果我不願意，她不可能逼我去做任何事情。唯一的辦法就是用愛融化我。

「好吧，再給我五分鐘。」

「你這句話已經說一整個下午了。」

「這次我保證。」

迪迪半小時後回來，一樣的對話重來一遍。我又要她再等一會兒，但她不要再忍受這種行為了。她把飯菜加熱，端過來給我。

我看都不看她說：「我不餓。」

「拜託，你一定要吃飯啦。」她說：「爸媽就快到家了。」

「我要把我的漫畫看完，迪迪，拜託別吵我。」

她撕了一口烤餅，夾了蔬菜、扁豆和酸黃瓜，拿到我嘴邊，湊到我鼻子底下。我情不自禁口水直流，一邊顧著看漫畫，一邊張嘴讓她餵我。我不知道她餵我吃了多少烤餅，反正她餵過來，我就吃下去。吃完之後，我親親她的臉頰，又回去讀我的漫畫。每天早晚親親媽媽和姊姊是我最愛的家庭活動，心情好的時候，我親得更勤。她們很疼我，在她們的照顧之下，我總覺得安心又幸福。

迪迪拿走我的盤子起身說：「我很高興你把飯吃完了，媽媽也會很高興。」我的父母任職於同一間公家機關，雖然兩人分屬不同部門。將近三十年，他們每天早上一起出門，傍晚一起回家。我父親騎摩托車，我母親很淑女地側坐在他身後。伯蒂亞拉（Patiala）是個小地方，他們的辦公室離家只有十五分鐘的路程。鎮上有一半的人都像我父母一樣，服務於印度邦屬電力局；另一半則爲一家國立銀行之類的單位工作。

一天，我們一家五口去外面吃晚餐。餐廳隔壁有家店鋪，店鋪外面陳列了一堆雜誌和漫畫，店鋪裡面則是一櫃又一櫃的書籍，滿滿的書從地板排到天花板。我不知道天底下還有這種地方，書山書海的景象看得我歎爲觀止。我就像一根小鐵條，而這裡有塊巨大的磁鐵，難以抗拒的吸引力讓我忘了一切，晚餐、餐廳、家人全都不重要，我非進那家書店讀遍每一本吸引我的漫畫和雜誌不可。我父親保證吃完晚餐就帶我逛書店，但我等不及了。我堅持立刻就去，他拗不過我，最後只好讓步。

截至目前爲止，我只看過隨著報紙送到家裡的雜誌和漫畫，甚至不知道這些東西是要分開買的，我以爲它們就是跟著報紙一起來的。關鍵就在這個「買」字，你得有錢買。如果我有很多「盧比」，我就可以把店裡的書統統買下來。

回到餐廳，我忍不住一直欣賞剛剛買來的雜誌。回到家，我睡不著覺，因爲我想看書。第二天上學，我沒辦法專心，因爲我想回家看書。看了愈多的漫畫和雜誌，我就愈想看得更多。我對閱讀的癡迷與日俱增，每當爸爸媽媽想買東西送我，我都請他們買書。

但說到底，他們能買多少書呢？總有個限度吧。所以，爸媽爲我安排了人生第一次的圖書館之旅。圖書館離我們家將近五公里遠，去圖書館的路上，我覺得自己像是第一次飛到外太空的太空人。一踏進圖書館，這麼多書本帶來的視覺震撼和知識啓發，非我一個小小腦袋所能消化。我看著圖書館員，心想他眞是全天下最幸運的人了，因爲他可以讀遍這些書。不過，他的臉上卻沒有笑容。

我幾乎每天都到圖書館看兩小時書，再借兩本書回家，讀完之後第二天還回去，換另外兩本出來。兩本是每個人借書的上限。

有一次，圖書館員問我：「你眞的把每天帶回家的書看完了嗎？」

「是啊，我眞的看完了。」

「急什麼呢？你爲什麼不慢慢看、好好享受閱讀？」

「叔叔，我是很享受啊，但我想把這一區全部的書都讀完。」

他笑了。「沒人讀完過。」

他說中了，我沒能讀遍兒童區全部的書。儘管如此，在圖書館泡了那麼多時間，用掉十二張借書證，讀了四百多本書，過了兩年之後，他還送我一盒糖果作爲獎勵。

＊＊＊

在各式各樣讀到的雜誌和書籍中，有許多神話都寫到殺死惡魔、創造奇蹟、賜下恩典和幫助信徒的神。祂會飛，祂能隨心所欲忽而現形，忽而消失無蹤。祂的模樣變來變去，祂想做什麼都能做到。而我所讀的每個故事，我都相信是眞的。我開始以神爲中心、和神一起、在神的國度裡打造我的世界。我想見一見神，跟祂說說話，我不喜歡祂隱形看不見。或許古時候神會在世人面前顯靈，或許現在再也見不到祂了。然而，一次偶然的插曲改變了我的想法。

一天傍晚，我在外面玩完回到屋子裡，看到我母親正坐在神龕邊讀一本很厚的書。我張開雙臂抱住她，親了她一下。

「媽媽，妳在看什麼？」

「《羅摩功行錄》（*Ramcharitmanas*），上主羅摩的故事。」

「妳還沒看完嗎？妳老是在看這本書。」

她笑了出來。「這是我們的聖書，兒子，這是一本關於天神的書，我每讀一次都有新的體會。」

「上主羅摩是天神嗎？」

「是呀。」

「那上主濕婆和上主奎師那呢？」我指著神龕上的兩張圖片。

「祂們都是神，一樣的神，不一樣的名字和化身。」

「那祂在哪裡？爲什麼我在眞實世界看不見祂？」

「祂無所不在。心地最爲純潔的人才看得見祂，敬拜祂的人才看得見祂。」

「可是妳也敬拜祂啊，爲什麼妳看不見祂呢？」

「我的心地還不夠純潔。有時候，我不得不說謊，而天神不喜歡世人說謊。唯有從不說謊的人才看得見祂。」

「那妳爲什麼有時候不得不說謊？媽媽，還有，我也能看見祂嗎？」

「可以啊，有何不可呢？」她接著說了五歲王子達魯瓦的故事。達魯瓦到森林裡向上主毗濕奴祈禱，結果就看到天神顯靈了。我聽了一陣哆嗦。

「我也可以看這本書嗎？」

「當然囉，我會陪你一起讀。」

「不用，妳不用陪我一起讀，只要在我卡住的時候幫我一下就好了。」

那天，她在讀的是〈後篇〉（Uttar Kand），也就是《羅摩功行錄》的最後一章。我瞄了瞄她在讀的那一頁，她說那是一首獻給濕婆神的頌歌，叫做「樓陀羅頌」（Rudrashtakam），內容是以淺白的梵文寫成。由於印度文和梵文的文字有異曲同工之妙，所以我就讀了起來。幾句之後，我卡在「薩福爾納—馬烏力—卡羅里尼—恰盧根戈」這一長串的詞句。家母教我怎麼唸，並告訴我這句話的意思是「從濕婆頭上糾結的髮辮中湧出美麗的恆河」。

我不懂這首頌歌的意思，但它的節奏和音調令我著迷。我有一種異樣的感覺，彷彿心裡有什麼東西融化了。從大口吃糖到過了上床時間還不睡覺，我體會過各式各樣的童年樂事，許多樂事也讓我覺得很開心，但這次的感覺截然不同。我感受到的不是一時歡快，而是一種細水長流、神奇的喜悅，彷彿神剛剛對我顯靈了。有生以來第一次，我覺得要看到祂是有可能的。

我習慣跟媽媽一起睡，每晚都央求她說故事，她知道來自各種典籍的無數傳說。那晚，她說了奎師那和他童年玩伴蘇達瑪的故事。奎師那很心疼家境貧寒的蘇達瑪，一眨眼就賜給他種種物質上的安慰。我深受這個美麗的故事感動，滿腦子想著神，就這樣懷著神一定存在的信念進入夢鄉。

那天夜裡，膚色白皙、頸部淺藍的濕婆出現在我夢中。他有一張俊美的面容，鼻子尖挺，粉紅色的嘴唇很豐滿，銀耳環從長長的耳朵垂掛而下，糾結的髮辮在頭頂盤成髮髻，寬厚的肩膀水光閃閃，彷彿他剛從大雪紛飛的喜馬拉雅山上下來，雪花在他的皮膚上融化了。我在其中一滴水珠裡看見自己的倒影，他以溫柔慈愛的眼神望著我。

「我來看你了。」他說。

「喔，祢是濕婆神。祢一定要見見我母親。」他露出笑容，輕輕摸著我的頭。他的手指又細又長。

「我只為你而來。」

「不，祢一定要見見我母親，拜託，她真的很想見到祢，她每天都敬拜祢。」

但這位一等一的瑜伽士瞬間消失了。

我叫醒母親。

「濕婆神來了，濕婆神來了！我請祂等等妳，但祂沒等妳就走了。」

說完我就哭了起來。「我請祂等妳一下，我想讓妳見見祂。祂好美，天神顯靈了。媽媽，濕婆神來這裡了。」

她拚命安撫我，但她愈是安撫我，我就哭得愈大聲。我無法忍受她被排除在我的夢境之外，神和我一起出現在同一個地方，她卻不屬於那個世界。我無法想像沒有媽媽的人生。

「別哭了，兒子。」她慈祥地說：「我會向濕婆神禱告，求祂下次等等我。」

「媽媽，我夢到的是眞的嗎？祂眞的來了嗎？人做的夢是眞實的嗎？」

「是眞的，你夢到的當然是眞的。」

即使我還不滿八歲，至今我都記得那天夜裡的感受。後來我睡不著覺，不是因爲我的腦袋裡有任何疑問，而是因爲我已經達到一種超越睡眠的沉靜狀態。這就是濕婆對我的感化，個體自我感消融，我覺得與遼闊靜謐、仰望無垠天際的大海合而爲一。沒有界線，沒有阻力，只有大海與藍天的寬廣，只有平靜、輕盈與喜悅。我區區幾歲大的小小身軀剛發現了我那一百萬歲的老靈魂。

＊＊＊

過了幾年，我現在十歲了。我不再看漫畫書，轉而讀起文字書。表面上，我大致都很快樂，但在內心深處，我渴望再見到神，不是在夢中，而是在完全清醒的狀態。我發覺自己內心深處躁動難安，我不只想要知道更多關於祂的事情，我想要「認識」祂，因爲我相信唯有祂能解答不斷困擾著我的問題：這世界爲什麼是這個樣子？我爲什麼是我？爲什麼有些人住在大房子裡，有些人卻露宿街頭？爲什麼人有生老病死？

我和朋友或師長都話不投機，遑論跟他們探討這些問題。我找了將近一年的答案，結果還是徒勞無功。最後，我向命理學、占星學及其他玄奧的學問尋求解答，希望透過這些學問能夠豁然開朗。我母親認識一位有學問的婆羅門——蘇瑞西．夏爾瑪（Suresh Sharma）班智達❹，他同意教我占星術。在他的指點下，我學到各個行星的方位和意義。

❹ 班智達（pandit）為印度語老師、智者、學者之意。

他也教我畫星盤，還有如何依據經緯度修正黃道十二宮等等。

我讀遍占星學的經典大作和當代著作，這些書提出一些解釋，甚至帶給我不同凡響的見解，但書中沒有答案。我讀到這些占星學典籍的作者透過占卜得到神諭，顯然，他們一定有辦法接收和解讀神的旨意。那為什麼神對他們說話，卻不對我說話呢？這些占卜家寫下富有深度和先見之明的傑作，而他們都有一些共同點，像是隱居在山林、吟誦吠陀經文、勤練靜坐。我心想，我不能跑去住在森林裡，但我可以靜坐不動，試著冥想神。即使沒有受到恰當的指點，對冥想也沒有具體概念，我還是把握每一個機會練習靜坐。當時，我用的方法是坐著不動，持誦「唵」音。每當有一小時的空檔，我就這樣冥想。

微妙的變化確實開始出現，我常常發現自己處於過去、現在、未來時間界線模糊的交界。就像似曾相識的既視感，只不過有一個差異：我可以看到下一刻的情景。就像一道閃電突然照亮黑夜，你頓時清清楚楚地看到周遭的一切。這些直覺的閃電讓我看到在我之前靜坐的人，即使我和這些前人素昧平生。

有時候，訪客會上門找我算星盤，而我在對方開口前就知道他要問什麼了。有時候，我只是走在街上，就會對經過的路人有類似的感應，即使對方徹底是個陌生人。我不只看到這些人，而且把他們都看穿了。

我不確定該怎麼稱呼這種現象，我稱其爲「直覺」，但我的直覺有個小小的問題，那就是它有如脫韁野馬不受控制。它只顧自由狂奔，我駕馭不了它。雖然我的直覺很準，但我不能用意念或意志力召喚它，也不能隨時隨地、隨心所欲重現它。我想要更有條理的直覺，想要有一定程度的確定性。我需要我的內在嚮導解答我的疑問，而不只是給我路上隨便一個陌生人的相關訊息，不管這些訊息有多準確。

與此同時，我會占星的消息傳開了，有愈來愈多人跑來找我。上學、占卜、靜坐和會客把我的日程排得滿滿，沒剩下多少可以玩的時間。我倒不是很介意，因爲我有氣喘的毛病，本來能參與的體能活動也不多。那年頭還沒有支氣管擴張劑隨身吸入器，至少到我十四歲之前都沒有這種東西。

一年當中，我有四個月特別難受，主要是三月到四月和九月到十月。這些月份裡有大量的過敏原，靜坐有助我的呼吸順暢一會兒。夜裡，我習慣和母親在外頭坐很久，因爲躺下來甚至會讓我的呼吸更困難。我坐在她的大腿上休息，有時明月高掛，有時天空一片漆黑，我會抬頭仰望無垠的天際，讚歎空中數不清的繁星，有些星星大放光芒，有些星星比較黯淡。疑問湧上腦海：是誰創造宇宙？爲什麼我在這個星球，而不是在其他星球？神居住在其中一顆遙遠的星球上嗎？神到底在哪裡？

時間一分一秒過去，到了早晨，我的氣喘才會比較緩和。唯有到了這時，我才終於睡得著，父親會過來把我抱到床上。很多時候，呼吸戶外空氣也沒用，我還是很難受，他就會帶我衝去醫院。我不介意去掛急診，因爲在醫院裡住一晚就代表第二天不用上學。我會待在家裡，把握機會讀書或修行，在醫院打一針是爲這些小確幸付出的一點代價。

＊＊＊

我從占卜老師那裡學會吟誦基本的吠陀咒語，但他精通的只有占星術，吠陀咒語的準確發音非他所長。爲了繼續我的探索與實驗，我覺得以正確的方式吟誦吠陀咒語很重要，單單坐著不動持誦「唵」音是不夠的。我又向母親求助，她認識一位很年輕但很有學問的婆羅門——蘇爾亞．帕拉卡希．夏爾瑪（Surya Prakash Sharma）班智達，他最近剛搬到我們鎮上。

接下來幾星期，班智達教我《夜柔吠陀》（*Yajur Veda*）中一些重要經文的正確咬字和抑揚頓挫。《夜柔吠陀》是古印度四吠陀❺之一。來自《夜柔吠陀》的詩句是祈禱文，用來向形形色色的神聖力量祝禱。吠陀經以梵文寫成，梵文有種引人入定的神奇力量，主要是因爲押韻發揮的作用，押韻和鼻音構成各種格律。如此這般，班智達答應教我如何吟誦吠陀咒語。然而，我向他拜師學藝的時間卻不長久。

偶爾會有人來找他解星盤。畢竟占星學是吠陀支❻的其中一個支系，所以只要他精通

---

❺古印度四吠陀包括《梨俱吠陀》、《娑摩吠陀》、《夜柔吠陀》和《阿闥婆吠陀》。

❻吠陀支（Vedanga）包含語音學、聲韻學、語法學、詞源學、星象學、宗教學等六個支系。

吠陀文獻，大家就以爲他也是占星行家，但占星卻非他所長。一天，一名男子帶他女兒的星盤來合八字。這名男子爲女兒物色一個合適的對象，想要確認這兩人的八字合得來。班智達算錯了，說他們是天作之合。

星盤合出來的「得分」最高是三十六分，班智達卻算出四十三分這種不可能的數字。他告訴那名男子說四十三分的意思是分數高到爆表，比一般認定是良緣的三十六分還要好很多。我心下一驚，雖然當時我才十二歲，但我出言糾正我的老師，告訴他這兩人合出來的得分只有十二分，其中有兩個堵煞（dosha），亦即失衡、不合之處，這兩人其實不般配。那名男子氣壞了，他叫我閉嘴，說班智達肯定是對的，這種天作之合絕對是有可能的，因爲他自己和他太太的星盤算出來有三十三分。

他很樂意相信班智達錯誤的解讀，因爲他聽了很安慰，如此一來，他就可以著手操辦女兒的喜事了，這種結果正合他意。多數人都是這樣的，他們要的不是眞相，他們不想知道眞相。事實上，他們就怕知道眞相。他們抱著一個帶給自己安慰的想法或信念，只想聽人證實他們的想法。他們會到處找人求證，直到找到認同他們的人爲止。

那名男子離開後，班智達對我說：「我不能再當你的老師了。」

「喔，怎麼了？」我還不明白他對我很不爽。

「你憑什麼糾正我？你以爲自己是什麼了不起的占星大師嗎？」

「我很抱歉，請您原諒我。但如果這位先生接下來就根據今天算出來的結果，爲他的女兒締結姻緣，這段婚姻注定不會有好下場。我只是想幫忙而已。」

「我知道。但你不該在他面前糾正我。這是侮辱，而且很不得體。」

「對不起，班智達。」

「別跟我吵。我反正是教不了你了，你另請高明吧。」他諷刺地補上一句：「您是婆羅門，您是精通占卜的星象大師，不需要老師的教導。」

我摸摸他的腳，就此和他分道揚鑣。我們雙方都傷了彼此——我傷了他的自尊，他則讓我幻滅了。我決定不再學誦經和占星，反正我就憑自己摸索。接下來幾個月，我研讀了瑜伽、密續和梵咒的主要文本，從中尋求指引，並專心練習修行。我的自修是有一點成果，像是我的直覺更敏銳、記憶力更強了，也看到一些畫面和幻象，但這些收穫絲毫抵不上吠陀經文所能帶來的啓發。

有關梵咒科學的論文提出了一些不可思議的主張，甚至是虛假不實的主張。從飛天遁地到化爲各種物體，這些書都說有可能做到。我對這些神力並不特別感興趣，但它們就像路途中的里程碑。當你經過一座座的里程碑，就會知道自己走對方向了。這一次，我找不到人幫我——沒有聖僧、老師、祭司或占卜師。我甚至開始覺得，這些有關梵咒科學的文本沒多少眞實的成分，搞不好根本一派胡言。直到有一天，一場夢把我打醒。那場夢中出現一位高個子、留鬍子、穿黑袍的苦行僧。

「孩子，繼續前進。」他說。

「梵咒裡有任何眞實的成分嗎？」

「修行和懷疑就像光明與黑暗，兩者無法並存，你要有信心。」

「可是我一無所獲。」

「保持耐心和紀律，繼續修行下去。」

「沒有人爲我指點迷津。」

「今天中午以前，我會登門拜訪你。」

「拜託，我現在就有一些問題想問你。」

但這位苦行僧消失了。我醒過來，同時覺得既平靜又不安。我無法忽視這場夢，這場夢是那麼眞實、生動。我跑去找母親，她已經起床忙東忙西了，即使外面天色仍黑。她打開神龕上的晨燈，正在向神明禱告。

我打斷她道：「我今天不要去上學。」

「你起得眞早。喔，你沒洗澡就跑來這裡了嗎？」

我在她旁邊坐下，不理會她說的話。

「我做了一個夢，覺得我今天應該待在家裡。」

「爲什麼？別被噩夢嚇到了。」

「我不是被噩夢嚇到。我夢到一位苦行僧叔叔，他說今天會來拜訪我。」

「你得去上學，阿密特，夢不是眞的。」

「什麼意思？我夢見濕婆神的時候，妳說那是眞的。妳說過夢是眞的，媽媽，我現在就坐在神龕前面，妳知道我不會撒謊。那是一個很眞實的夢，我一定要在家裡等，因爲他說今天會過來。我保證會在家用功讀書。」

「那我要怎麼跟你爸爸說？」

「拜託啦，求求妳。妳要怎麼跟他說都可以，妳說什麼他都信。」

「瞧，那天你問我爲什麼有時候要說謊，這就是爲什麼！」

我們彼此商量來商量去，最後她准我請假一天。不知怎麼地，她成功說服父親。

那天上午，我一個人在家。到了十點左右，外頭有人敲門，我衝去開門，只見眼前站著一位苦行僧。他身穿黑袍，糾結的髮辮綁在腦後，鬍子長及胸口。我爲他奉上布施品，但他說他只是來見我的。不過，他沒提到我做的夢，只是把手伸進肩袋裡，拿出一件東西遞給我，告訴我那是金豺號角。

金豺號角是一小團長在金豺身上的毛❼。長到像一顆檳榔那麼大之後，這團毛就會自己脫落。密續有許多運用到金豺號角的地方，前提是密續修行者要知道如何供奉它。它被用在求財、治病和催眠，也被巫術用來害人。若是把貨眞價實的金豺號角放在硃砂粉中，這團毛還會繼續生長。你必須每隔幾週添加硃砂粉，以保持它的功效。即便是一團死毛，它還是會吸收硃砂粉。

「這東西是護身符，用法很簡單，我特地來把它送給你。」他簡短說明了一下要怎麼用。

我問：「為什麼我都沒能成就悉地（siddhi）呢？」

「因爲你只追求一些枝微末節的小成就，沒有專注在終極的大目標上。如果你掌握了太陽，自然就會得到陽光。」

他再次重申金豺號角的用法，說完就準備離開。我有好多問題想問他，但他強大的氣場震得我說不出話。我只能五體投地跪下來，向他致上敬意，他爲我祝福後就揚長而去了。

---

❼由於這一團取自金豺（即亞洲胡狼）身上的毛狀如號角，故印度語以金豺號角（siyar singhi）稱之。

以前有位婦人每天都來我們家做家務，她就像我們家的一份子，我們都叫她「瑪西」❽。母親待她如親人一般，這是她很了不起的特質：她總是在付出。我從沒見她表現出絲毫的仇恨、嫉妒或憤怒。她從不吼小孩，就連大聲說話都不曾有過。

瑪西有兩個兒子。大兒子七歲，生來就患有痲瘋病，我決定要把金豺號角用在這孩子身上。接下來一星期，我照那位僧人教的辦法，用梵咒、硃砂粉和黑芥末籽爲金豺號角加持。在某個星期日，我把那件聖物交給瑪西，跟她解釋要在她兒子的枕頭上剪開一個洞，把金豺號角塞進去。塞好之後，枕頭的破洞要縫起來。

「就這樣放個四十天，不要讓任何人知道，就連妳先生也不要讓他知道。」我說。

不出一星期，她兒子就奇蹟似地開始復原了。到了第三個星期，他的痲瘋病就完全好了。那位僧人說這個金豺號角只能用一次，用過之後就要沉入河中或溪裡。預定的四十天期限到了，我就請瑪西把它還給我。她回到家，拆開枕頭，但卻找不到什麼金豺號角。

這有四種可能的解釋。一是她把它拿出來了，但她瞞著我不說。這種解釋很難相信，因爲她不可能冒犧牲兒子的風險，亂用密續護身符。二是有別人拿走了，三是它掉出來了。這兩個選項也不可能，因爲沒人知道那個金豺號角的事，瑪西很謹慎地把它縫到枕心裡面。四是它自己憑空消失。我想不透它到哪去了，但是無所謂，男孩病好了的事實沒有改變。幾年來，其他的療法都失敗了，但才幾天的工夫，金豺號角就把他治好了。他的痲瘋病沒有復發。

和這位聖僧的相遇爲我帶來的不是答案，而是更多疑問。這位苦行僧是誰？他是怎麼跑到我夢裡的？爲什麼他選中我賜予那件金豺號角？他是怎麼學到神祕學的相關知識？撇開這些問題不談，這次遭遇激起我滿懷的敬畏。而且，這位僧人就在我正需要神明指引時出現，適時給了我希望，引領我前進。這件事重振我對神的信仰。

我開始在修行中勤練密續功法。每當聽說鎭上來了一位聖僧或密續修行者，我就會特地前去拜訪。他們一開始都不把我當一回事，因爲我只是個「小孩」。但當我坐下來談起

❽Masi，印度語「阿姨」之意。

自己的修行，一聽到我對占星學、吠陀經和其他文獻的了解，他們看我的眼神都變了。接下來，他們就會洗耳恭聽，和我分享自己的經驗，並為我指出不同的做法、告訴我一些訣竅。然而，他們多數人都對修行的實務或挑戰一無所知，只知紙上談兵。真正的修行者少之又少，大概只占百分之一，但他們還是給了我繼續前進的充足動力。

只要有機會，我就一個人溜到無人打擾的地方，舉行許多火祭（yajna）儀式，吟唱各種梵咒，並練習藥叉女（yakshini）、瑜伽女（yogini）、飛天女（apsara）和提毗（devi）的功法——這些都是密續女性能量的不同形式。但我實際上一無所獲，沒有任何的天神或神仙顯靈。我開始自創功法，我從各式各樣的功法汲取靈感，用我自認為有效的方式採行不同的素材和咒語。

在迦拉底迦月（Kartik，即十月中旬到十一月中旬），我會跑去長滿曼陀羅花的荒地，摘一百零八朵花，回家做成花圈，對著花圈吟誦一番，然後把花圈冰進冰箱。第二天早上，我會舉行火祭儀式，再到供奉濕婆神的廟裡，把花圈獻給濕婆林伽❾。照理說，此一密續功法是為了讓修行者看見濕婆神。從十二歲起，連續三年，我每年遵照這套做法，但都沒有具體結果。

令人沮喪的部分是我不知道自己哪裡做錯，而且沒人爲我指出一條明路。家人肯定幫不了我，事實上，他們甚至不知道我在做什麼。他們不知道我有一個平行存在的神祕世界，也不知道我對神祕學有濃厚的興趣。他們常以爲我在圖書館，殊不知我其實正忙著和某位聖僧辯論經文，或和某位密續修行者討論我的修行。我母親知道我有這方面的愛好，但不知細節詳情。不過，不管我追求什麼，她都無條件支持。媽媽的支持對我來講是很大的福分。

我的沮喪漸漸演變成絕望。如果神眞的存在，祂爲什麼不顯靈給我看？如果經文是眞理，如果梵咒有任何根據，爲什麼我沒得到想要的結果？我哪裡做得不對？儘管強而有力的夢境和畫面持續出現，甚至一路引領著我，但我卻沒被說服。我想要看得見、摸得著的

❾濕婆林伽（Shivalingam）為神廟裡象徵濕婆神的塑像，狀如陽具，供祭拜之用。

證據，實實在在地爲我驗證眞理。

我漸漸明白自己踏上了一條孤獨又艱辛的悟道之路。如果我想成功，就要有強大的意志和紀律，並付出很多時間。無論我遵循哪一種修行法門，無論我怎麼修或修多久，都不保證能修出個所以然來。從一時的歡快昇華到長久的喜悅，超脫世俗的七情六慾，活在永恆的極樂之中，我的修行將是一件非常個人的事情。在這段旅途中，我是自己最好的朋友和最大的敵人。我必須走出自己的一條路，因爲古代聖賢走過的神聖之路早已長滿時間的雜草。

3 股票與神

花在修行的時間愈多，我對占星術就愈吹毛求疵。占星術只專注在黃道十二宮和九大行星，修行卻讓我看見一個浩瀚無垠的內在世界的存在，我開始看見我和周遭每一個人都是宇宙的小型複製品。宇宙這個龐大的系統中有無數的星星，人體這個小型的系統中有無數的細胞。天空中有太陽和月亮，呼吸系統中有陽脈和陰脈。地球有百分之七十是水，人體也有百分之七十是水。

有數不清的行星像神祕的星斗般熠熠生輝，肉眼就看得見，我要怎麼相信只有九顆行星影響著每個人的人生？就算把占星學涵蓋的九大行星都算進來，地球卻不在其中，我覺得這也太怪了吧。羅睺（Rahu）和計都（Ketu）這兩個行星甚至不存在於太陽系中❶，而月亮實際上只是一顆衛星，在占星學中卻擁有行星的地位。我不能接受遙不可及的火星能夠影響我的人生，而我所生所長的這顆星球在星盤上卻沒有一席之地。

花時間去推敲哪些行星對我的人生有什麼作用，卻不去注意自己的言行舉止和後果，我覺得很愚昧。我不去開創自己的命運，卻被宇宙中沒有生命、轉來轉去的球體牽著鼻子走。儘管如此，我還是繼續練習占星，因爲解星盤賺來的收入可以用在買書和其他的花費上。

然而，我不再推薦寶石和護身符給人穿戴，因爲我不再相信這些東西的療效。我設法勸人掌握自己的命運，要接受星盤的指引沒問題，但照著星盤的預言過活就不明智了。可惜他們只想聽到自己的問題都是那些星球造成的，而不是自己的選擇造成的。我的看法很簡單：如果你依然故我，那你還是會重蹈覆轍，不斷得到一樣的結果。

認爲自己只是棋子、別人才是主宰，而這個「別人」或許是天上的神——有這種想法是人類的天性。只要相信自己是受到神的獎懲，那一切可就省事了。但眞相是，我們的未來取決於今日所做的選擇，而我們的今日取決於昨日所做的選擇。

找我占星的客戶，多數都認爲對應九大行星的法寶能幫他們掙脫困境。他們相信護身符在冥冥之中能扭轉乾坤，即使他們繼續做出糟糕或有害的選擇。大家想要相信有了這些法寶，問題就會迎刃而解，沒必要改變自己的心態。依我看，沒人想聽我說眞話。我的感覺就跟尼采一樣，尼采曾說：「他們不懂我。我不是這些耳朵想聽的那張嘴巴。」

我不想讓沒有生命的星盤和遙不可及的星球左右「我的」人生、介入我的計畫和命運，我決心寫出屬於自己的未來。一天，我一手拿著我的本命星盤，一手拿著一盒火柴，跑到陽台上。我哥哥跟在後面，察覺到我要做什麼後，就衝下樓告訴母親，說我要把我的星盤燒成灰燼。這時，我已點火燒紙。媽媽跑上樓，從我手裡搶下那張燒掉一半的星盤。

「阿密特，你不能把這種東西燒掉，本命星盤是應該受到保護、尊敬的聖物。」

❶印度占星學將計都、羅睺、太陽、月亮、水星、火星、木星、金星、土星合稱為九曜。

「媽，星盤沒什麼神聖的，我沒辦法尊敬一張紙。」

「你的本命星盤是一位學識淵博的婆羅門在你出生時寫下的。」

「那不代表什麼。妳眞的認爲我的命運已經寫在天宮圖裡了嗎？就連羅摩（Rama）和悉多（Sita）的星盤都很匹配，事實上，他們的八字還是大仙婆私吒（Vashistha）合出來的，但結果怎麼樣呢？羅摩被放逐了，後來他還拋棄了悉多。爲什麼？」

「你的問題我沒有答案，阿密特。但我知道我們對某件事沒有答案，不代表那件事就是錯的或沒有意義的。你想相信什麼就相信什麼，我不是要阻止你，但我不能讓你燒掉這張星盤。」

「啊，別難過。」我張開雙臂抱住她，一口氣親了她的臉頰幾下。「我隨時都能寫下自己的星盤。」

「你眞的很頑皮也很固執。」她說：「你知道，有時候聽長輩的話沒有壞處。現在我得走了，我正在煮牛奶呢。」她一邊走下樓，一邊補了一句：「我會找人寫一份新的星盤，寫好了不會給你。」

我大笑說：「媽，別浪費錢了！」

這件事就這麼過去了，但我又困惑起來。萬一我母親是對的呢？萬一這一切都是真的，而我是唯一看不見眞相的人呢？的確，並非在我本命星盤上的一切都應驗了，但那些準確無誤的部分又怎麼說？它確實神準地說中了我人生中的許多事。我苦思了一陣子，審慎衡量這整件事，將占星學全面檢視一番。最終，我做出一個清楚、堅定的決定：在我的人生抉擇中，占星學不會被我納入考量。

我必須超越占星學，因爲占星學處理的主要是結果，而非過程。它可以從一張圖表預知一個人會成聖或成邪，但它卻沒說人要如何成聖或成邪。它可以呈現出人生中的某一刻，但卻沒有呈現出導致那一刻的一連串行動。我的本命星盤說我終有開悟的一日，但它不能告訴我要如何開悟。

我漸漸脫離占星學，開始把重心放在修行。一有機會，我就把注意力集中在梵咒的聲波能量上，就連騎腳踏車或洗澡時也是。但我沒看到神、沒有達到入定的境界，也沒有得到書上說的任何特殊力量。我知道我在某個環節少了什麼關鍵，根據經書，唯有上師才能指點弟子，並爲弟子闡釋修行的奧妙之處。儘管我明白求道開悟是自己的責任，但我需要上師協助解開修行的奧祕，只靠自己很難悟出個所以然來。

但我要到哪裡找一位上師呢？除了我母親的大哥R．K．莫吉爾（R.K. Modgil）之外，我想不出更好的人選了。他是我母親的偶像和典範，雖然他在印度鐵路公司當主管，但這不是他的專長。他其實是狂熱的濕婆教徒，從十三歲起，直到嚥下最後一口氣爲止，他每天去火葬場點兩次酥油燈。沒人知道他在那裡練的是哪一種密法，因爲他不曾透露。我就跟其他人一樣，只知道他會點一盞酥油燈，小狗、鳥兒、牛隻和其他動物每天跟著他去那裡。

我舅舅過得很簡單也很眞實，他的生活總是給我很大的啓發。和他談話很輕鬆，沒有任何虛言假語，只有直指人心的大實話。我希望如果有他傳承給我，我的誦咒修行或許能開始看到一點成果。但我每次一問他，他就迴避我的請求。我不意外，畢竟我們兩個沒法比。我十五歲，年過五旬的他修行的時間比我的歲數還長。

一天，我們正好在他家，他上午剛去過火葬場回來。「跟我來。」他說。我跟著他，他把我帶到樓上陽台。我注意到他手裡拿著一個圓形的小盒子，他把盒子打開，結果裡面什麼也沒有，只有一小撮的灰。他伸出大拇指，朝那撮灰按下去，接著再按到我的額頭上。「這是我四十年來的苦修。」他說。

我瞪大眼睛，驚訝地看著他。

「四十年來，我用相同的梵咒，每天爲這撮香灰持誦。」他補充道：「你是第一個和最後一個擁有它的人。」

我以最大的敬意跪下，因爲他剛剛爲我灌頂了。

「我應該用什麼咒語爲它持誦呢？」

「你日後還要行遍世界，我不想用一句必須每天持誦的咒語把你綁住。不必拘束，去活出你的夢想吧，三界之中沒有任何力量能夠阻擋你。」

他給我三個指示，或者也可以稱爲人生三原則。上師給弟子的任何指示，都是上師和弟子之間的祕密。唯有當這位弟子成爲別人的上師，想把衣缽傳下去，才會把這個祕密說出口。

那天，他帶了他的本命星盤過來，對我說：「我只有一個問題。」我知道他的問題不會是什麼簡單的問題。

「我的死期是什麼時候？」

我有點吃驚。「舅舅，我是算得出來，但基於占星師的職業道德，我不能洩露這種天機。」

「我已經知道自己的死期了，我只是想確認而已。」

我不能拒絕他，他的話對我而言是一種命令。我們協議說他寫下他知道的日期，我則在另一張紙上寫下我算出來的日期，然後再彼此交換。我很好奇他是不是真的知道，我寫下的數字會是精密計算下的結果，但他的數字則是直覺感應來的。直覺和精密計算的結果會一致嗎？我拿出筆記本，根據他的天宮圖算了起來。一小時後，我們交換紙條。

一看到他寫下的日期，我就知道在他平凡的外表下藏著不同凡響的覺知。他已完全掌握自己的直覺感應能力。顯然，我和他都不曾忘記那個日子。幾年後，在他離開人世前一天，我從澳洲致電給他。當時他住院動一個小手術，住院之前，身體還很硬朗的他甚至去打了籃球。我們兩個在電話中都很感傷。

「你想我出不出得了手術室？」他問。

「當然，有何不可？你不只出得了手術室，而且還會再打籃球。」

我很樂意說謊，也很樂意相信自己的謊話。在那一刻，我是多麼希望自己的預言和他的直覺是錯的。舅舅的醫生宣布手術很成功，並將他轉到加護病房療養。他沒有活著出院。

* * *

在我將近十四歲時，有一位學者走進我的人生。A・P・夏爾瑪（A.P. Sharma）教授是英國文學博士，他跟我父親是大學時代的舊識，最近剛在退休後搬回我們鎮上。他很會看手相，我們剛認識的第一天，他就看了我的手相，我則看了他的星盤。我們雙雙對彼此做出一些預言，聽了也都雙雙大笑。常言道同行相忌，但我打從一開始就很敬愛夏爾瑪教授。他是很溫暖的人，溫文儒雅，說起話來輕聲細語。

他獨居在他父親留下的老宅。除了占去屋裡大半空間的數百本藏書，他唯一的資產就是幾個書櫃、一張床、一張沙發、一個衣櫥和一張書桌。他也有成堆的筆記本，裡面寫滿書評和他對人生的沉思。他很寶貝他的藏書，出門前一定會鎖上書櫃。

我每星期會去拜訪他幾次，在他身邊，我覺得如沐春風。教授會幫我練英文，他熱愛英美文學，不用翻開書本，就能引述珍·奧斯汀、喬叟、莎士比亞、濟慈、佛洛斯特、惠特曼、狄更斯、海明威、華茲華斯、王爾德等人的句子。

他常在書上做記號、寫眉批。在書本上寫字是我向來很不欣賞的行為，我的哲學很簡單：書本是拿來讀的，筆記本才是拿來寫的。對我來講，書本是完美無瑕的藝術品，在書本上寫字畫線就像在畢卡索的畫作上塗鴉，我不會這樣破壞自己心愛的東西。

如前所述，他對英文和英美文學的熱愛遠遠超乎我的想像。在我眼裡，語言是功能性的工具，甚至是一種工藝，我用它來表達心裡想說的話。在他眼裡，語言不只是溝通的媒介，而是一門藝術，他透過這門藝術創造一個全新的世界。「寫東西的時候，我要你做到增一分太多、減一分太少，每個字都恰到好處。如果有人動了你的句子，就算只是從中刪掉一個逗號，整個段落就必須跟著重寫。說話的時候，我要你苦思冥想，不是因爲你想不到能表達自己的文字，而是因爲有太多字湧上腦海，你必須選出最貼切、最完美的遣詞用字。」這話他說了不只一次。

我們最愛的消遣，就是坐在柔和的冬陽之下讀文學經典。我讀書，教授就在一旁剝橘子。他會仔仔細細地把白色的絲剔乾淨，把橘子籽放進碗中，把一瓣瓣多汁的果肉給我吃。在陽光下消磨的這些時光中，他常爲我看手相，並說出一些神準的預言。我們也聊很多別的話題，我們的談話天南地北不受拘束，沒有一定的規則，我的年齡也不是阻礙。

有一次，他問道：「你怎麼不跟我聊聊你的女朋友？」

「女朋友？我沒有女朋友啊。」

「我不信！」

「我說的是眞的，叔叔。」

「怎麼會這樣？你這麼年輕，又能言善道。你成績很好，全校都認識你，因爲你會占星。一定有女同學暗戀你，不然你也一定有心上人吧。」

「可是我真的沒有女朋友。」跟他聊這個，我覺得有點害羞。「經文中說人到二十五歲之前都該守身禁欲。」

「這太老派了。你要活出自己的人生、好好享受人生，我們的先聖先賢都有配偶。」

「不，我認爲古書說的自有道理。更何況，誰有時間交女朋友啊？如果把時間花在女朋友身上，我要什麼時候讀書、下棋、占星或練琴？」

「喔，你把自己逼太緊了。幹嘛這麼嚴格？放鬆一點吧。」

「如果我有女朋友，我要怎麼騰出時間來看你？」

「你太理智了。無所謂，總有一天你會爲某個女孩子神魂顛倒，沒有她就活不下去。」

「不會有這一天，我很了解自己，我不會結婚。」

「你的手相說得清清楚楚。你的婚姻線是粉紅色的，沒有斷裂，而且很強。你滿二十八歲之前就會結婚。」

「我不這麼認為。」

「你是怎麼了？你的禁慾主張和出家人的傾向嚇到我了。」

你太理智了，這句話變成他的口頭禪。每當他看不出我有什麼七情六慾時，常常就用這句話來結束談話。坦白說，就算再怎麼努力，我還是感覺不到絲毫的依戀之情。我不眷戀任何人事物，甚至包括夏爾瑪教授在內。我試著交朋友，也試著和別人相處，但在這些人際往來中，我感覺不到太大的喜悅。我不是故意要心如止水，而是我本來就這個樣子。在他對我的婚姻鐵口直斷的那一刻，我確實想了一下。說不定他看得很準，我的手相和星盤確實都說我會結婚。我眞能掌握本來就注定好的命運嗎？我思前想後，最後還是決定不要讓掌心的某條線左右我的未來。我決心寫下自己的人生劇本。

我沉浸在自己的思緒裡，心情也有點煩躁，沒跟夏爾瑪教授道別就離開他家。回到家後，我發現母親一如往常坐在神龕邊讀一本經書。那晚，她讀的是《薄伽梵往世書》（*Bhagavat Purana*）。這是一部長篇敘事詩，描述的是上主奎師那的榮耀。我不像往常一樣親親她的臉頰，只是在她身旁坐下。

我說：「媽媽，妳知道，不管是當官、當教授，還是當生意人，妳要我做什麼都可以。我只有一個請求：請不要強迫或期望我會結婚。我畢生都要致力於精神上的追求，當我說我不會結婚，沒人相信我說的話。」

她大可無視我的想法，將我的請求視爲一個少年的傻話不予理會。相反地，她卻說：「我相信你。你儘管照自己的心意過日子，要怎麼過是你的自由。要是不合你的心意，我絕不會束縛你，阿密特。不過，我們可以等你長大一點再談這件事。誰曉得呢？說不定你會改變心意。話說回來，你爲什麼不想結婚啊？」

我答覆道：「我看了不下三千人的星盤，每個人都有類似的問題。他們到底在幹嘛？他們來到這世上，從小學念到大學、找工作、結婚生子、受盡折磨，然後變老，最後死掉。聽過夫妻間的種種問題後，我可以把他們歸爲兩大類。第一類是沒辦法把婚姻經營好的人，雖然結婚有一段時日了，但每一天都是折磨，到頭來，他們還是會分道揚鑣。另一類是努力想把婚姻經營好的人，即使是這樣的夫妻，多數日子對他們來講還是很累人，只不過在矛盾與衝突之間、在爭吵與鬥嘴之間，他們也有甜蜜的時刻罷了。

「整體而言，結婚太費事了。多數人結婚是因爲覺得有需要這麼做，可我不覺得有這種需要啊。更重要的是，在我的悟道之路上，結婚沒有作用。相反地，我要像傳說中的陀魯婆❷或古時候的先聖先賢一樣，到山林裡苦修。我想看看神是不是眞的存在。」

「是不是眞的存在？」她詫異地說：「你修了各式各樣的法門，爲什麼到現在還懷疑神的存在？」

「我修來修去都是爲了見到祂呀，媽媽，我想見一見我的創造者。我知道祂存在，但在親眼見到祂之前，我怎能確定？有時我不免懷疑祂的存在，因爲如果眞的有神，爲什麼天底下還有這麼多的折磨和苦難？如果神只有一位，又爲什麼有這麼多宗教？祂爲什麼會允許？」

❷相傳陀魯婆（Dhruva）為鄔塔納帕達（Uttānapāda）國王之子，五歲時獨自至林中不吃不喝打坐六個月。

「信仰，孩子，有了信仰便能化解所有疑慮。」

「是就好了！信仰才不會化解疑慮，它只會忽視或打消問題。」

「我知道我辯不過你，總之神是千真萬確存在著，祂保護、看顧我們、爲我們供應所需。」

我還想繼續辯下去，但前門有人敲門，是夏爾瑪教授。他以爲自己惹我不高興了，所以就來看看我，但我只覺得很高興再見到他。他還帶了芒果當伴手禮。

不曉得爲什麼，夏爾瑪教授特別疼愛我。他的皮夾裡有兩張我的照片，每次我去拍大頭照，他就堅持要我也給他一張。他把最新拍的照片收進皮夾，舊的則用來當書籤。他會爲我泡茶，並裝在他從不准別人碰的精美骨瓷茶具裡端給我。

我沒什麼能給他的，但他的每個舉動都充滿對我的關懷與愛護。「我的人生已來到暮年，阿密特。」他常在喝了幾杯小酒之後對我說：「我不會看到你長大征服這個世界，也沒機會參與你功成名就的那一刻。我眞希望自己不是那麼早出生。」

說著說著，他不禁潸然淚下。

「但你可以答應我一件事嗎？」

「沒問題，叔叔，悉聽尊便。」

「我死的時候，希望你能在我身邊，握著我的手，直到我嚥下最後一口氣。」

雖然不知道他去世時會是什麼光景，但我向他保證我會陪在他身邊。可惜天不從人願，我之所以答應他，只因那是他想要的。但想到他的死，我沒有絲毫生離死別的哀痛。到頭來，或許他是對的：我太理性而他太感性。

＊＊＊

有一次，我們那一區鬧水災，從屋頂上可以看到動物、家具、器皿和許多不知道什麼東西被沖過大街小巷。過幾天，淹水退去之後，重新回到家裡，我看到最慘烈的畫面就是我那些書都溺死了。它們就像屍體一樣浮腫，髒兮兮、破破爛爛地躺在那裡。我把泡水書拿去曬，希望能把它們曬乾，但經過太陽一曬，書頁都捲起來，而且變得臭烘烘的。這些書本留給我的只剩回憶，我再也不忍心看它們一眼。我不想把它們賣給收破銅爛鐵的人，因爲你不會出賣你的愛。在某個無風的晴天，我把它們搬到陽台上，將它們全體火化，燒得一點也不剩。燒完了，我就打起精神繼續過日子。

這時，我父母決定在家中二樓增建一個房間。未來如果又發生這種情況，我們就有個避難的地方。我們的建材供應商是一個三十多歲的男人，名叫帕爾維許·辛加拉（Parvesh Singla）。第一次去他店裡時，我們隨意聊了一下，結果兩人一拍即合，之後就經常見面。

就跟夏爾瑪教授一樣，他對我關愛備至。這次我也不太明白爲什麼，我搞不懂像他那樣一個成功的生意人，爲什麼要跟我這個小鬼頭混在一起。

我問他：「你爲什麼花這麼多時間跟我相處？不只買書、買筆送我，還請我吃大餐。爲什麼？」

「我不知道是受你哪一點吸引，但你就是有這種吸引力，阿密特。你給人的感覺很沉穩，彷彿把一切都看透了。而且，我一直想要一個像你這樣的弟弟。」他答道。

我坐在那裡，心想他就跟夏爾瑪教授一樣感性。我也有點愧疚，因爲我對他沒有絲毫依戀之情。在我眼裡，他是一個好人，我關心他，我們有共同的興趣。我們和彼此聊哲學的話題，分享彼此的生意經。帕爾維許在創造財富這方面很精明，他爲自己打造多樣化的收入來源。

有一次，他說：「我的生意是有賺錢，但我也透過股票累積財富。」

「哇！你願意教我投資股票嗎？我幫人占星賺了一點閒錢，我也想找個地方投資。」

「好，我教你，但別忘了投資有賺有賠，想賺錢就要有賠錢的心理準備。」

他示範如何選股給我看。他只投資一級市場，也就是首次公開發行的股票，因爲他認爲這些股票比較保險。

「絕對不要對你的股票有所留戀。別忘了你買股票是爲了獲利，如有獲利，一旦達到停利點就要脫手。萬一虧錢了，一旦達到停損點就要放手。你的目標是要讓獲利大於損失。」

我一頭栽進財經的世界，狂嗑所有我能夠取得的財經出版品。接下來幾個月，我開始透過複委託買股票。我也很積極地在二級市場進行交易；二級市場速度較快、風險較大，好玩得很，我樂在其中。現在，我把九成的存款都投了進去。股票交易既驚險又刺激，要不了多少工夫，我的存款可能轉眼賠掉，也可能轉眼加倍。每當股票價格漲了，我就很高興；價格跌了，我就很失落。我樂得搭乘這列情緒的雲霄飛車。

我在十五歲念完十年級，得分百分之八十❸，確定可以上我想上的專科學校了。我選擇讀商，因爲我對商學的興趣僅次於神祕學。我有志從商，因爲我喜歡挑戰。一方面，我看到家父家母一成不變的生活，他們每天準時上班、準時回家。另一方面，我看到帕爾維許在商業界飛黃騰達。帕爾維許的事業有起有落，他的故事精彩刺激，比夏爾瑪教授對學術生涯的回憶更引人入勝。這只是人各有所好，而我個人偏好前者罷了。

看到我對經商的熱情，周遭每個人都以爲我很愛錢。我是對創業和賺錢很熱衷沒錯，經濟獨立無疑也是一件好事。然而，我之所以把重心放在商業方面，並繼續研究占星學（即使我已經知道這門學問不能給我想要的答案），背後還有更深層的原因。到了這時，我已毫不懷疑自己想要放棄物質世界，踏上尋道之路，我對神的渴望強過我內心的任何慾望。我無數次想著棄世到喜馬拉雅山上苦修，是我母親溫柔的眼神和慈愛的聲音令我始終裹足不前。我想，她受不了這種離別吧。世俗的活動幫助我壓下內心渴望，照樣把日子過下去。除此之外，我不知道要透過什麼管道排解或分散自己的注意力。

但不管把觸角伸向什麼領域，我好像都不費吹灰之力，一下子就上手了。我很快就不再覺得這件事有挑戰性，無論是學西洋棋、彈奏某種樂器、吟唱吠陀頌歌或占星，每一種活動過一陣子我就會覺得疲乏。我想要能讓我全心投入、給我考驗、讓我大開眼界的任務，但一切感覺起來都那麼輕而易舉。

爲了求新求變，我決定報名一家私人機構的進階電腦課程。第一天的迎新活動到了尾聲，一名綁著頭巾、衣著有點襤褸的年輕男子過來與我攀談。我其實以爲他是修車工，因爲他的衣服上有小小的汙漬，看起來像油汙。

❸印度學制分數算法以百分比計算，例如總分一一四分，得分百分之八十即相當於九十二分。

他介紹自己是哈普崔特．辛格（Harpreet Singh），並問我一個《薄伽梵歌》（*Bhagavad Gita*）的問題。

我不知道他爲什麼問我宗教問題。一般我都會在額頭抹上紅點（tilak），但那天並沒有，我像平常一樣穿著牛仔褲和T恤。他不知道我會占星或我讀過許多宗教文獻，但他卻在一間電腦教室選擇問我有關《薄伽梵歌》的問題。無論如何，這問題並未超出我的知識領域。

回答完他的問題之後，他突然問我：「你在哪裡學的英語？」

「多奇怪啊！」我心想。這個人不去注意我的答案，卻只注意我所用的語言。無論如何，我們聊了一會兒。我告訴他，我之所以來上進階電腦課，是爲了用在金融市場上。

「金融市場？」

「是啊，我在一級市場和二級市場都有交易，而且我想編寫一套投資監控程式。」

「你能撥出幾小時的時間嗎？」他問。

「呃……現在嗎？可以啊，但你有什麼事嗎？」

「你聽過《光明報》（*Chardikala*）嗎？」

「當然。」《光明報》是一份旁遮普語的區域性報紙。

「我在那裡工作。」

哈普崔特．辛格帶我到他的辦公室。他騎他的機車，我則騎著我的機踏車跟在後面。走進報社後，他帶我到一間獨立的辦公室，門上的牌子寫著「發行人兼總編」。他打開冷氣，拿起電話，請某個人過來。一名男子走進來，我的新朋友請他泡茶給我喝。這下子我好奇起來了。

「你是誰？你爲什麼在總編辦公室裡？」

他微微一笑。「這就是我們。」他說著指向辦公桌上的一張全家福。

「什麼意思？」

「我的全名是哈普崔特．辛格．達爾迪（Harpreet Singh Dardi），我父親是這家報社的老闆。」

「哇，眞的假的！」

「好了，告訴我，你願不願意爲我們的報紙寫文章？」

「我不曾爲任何報紙寫過文章，而且我也不懂旁遮普語。再說了，我能寫什麼主題呢？」

「去年我們新發行了一份英文的財經出版品，叫做《工商時報》（*The Business Times*），銷路很不錯。我在找優秀的專欄寫手。」

於是乎，我就爲他們寫起定期刊出的選股專欄來了。他們對我的表現很滿意，幾個月後，就僱我擔任週刊編輯，我欣然赴任。很快地，晚上多數時間我都花在這份刊物上。寫社論、篩選報導題材和編輯其他記者的文章，大大激盪了我的腦力。

兩年後，我辭去編輯職務，繼續發展我用電腦爲小型企業做簡報的副業。寫報告內容時，我在報社的工作經驗派上用場。念完十二年級後，我就不再去學校，改成上遠距課程。如此一來，我更能善用時間。專科學校的教育讓我大失所望，念了兩年一無所獲。我考慮過出國念書，但學費負擔是個很大的問題，我沒有能用來求財和實現留學夢的金財號角，但我確實有一句咒語可用。據說，念這句咒語就能送持咒者踏上夢寐以求的旅途，它的聲波震動具有吸引力法則心想事成的力量。

我向宇宙表達我的渴望，並從一九九八年一月開始持誦那句咒語。開車、洗澡、吃飯、通勤、就寢之前、一起床之後，日日夜夜，只要沒在忙別的事情，我就以強大的正念誦咒冥想。我對那句咒語有信心，但不確定效果來得夠不夠快。三月裡有一天，我的疑慮煙消雲散。那天，我的一個熟人隨口提到她表哥是留學顧問，專門送學生去澳洲念書。

我一問父親，他立刻就贊成我去澳洲深造的想法。我報名雪梨好市圍商學院（Hurstville Business College）爲期兩年的資訊科技文憑課程❹。父親從退休基金中提款出來，爲我支付機票和第一年的學費。我用自己的存款採買一些物品，並換了一些澳幣。同時，我留著我的股份，當作長期投資。

❹兩年的文憑課程（diploma）為澳洲學制中開設給外籍生的課程，後續銜接正式大學。

如果我覺得印度待不下去，那麼澳洲的一切都還是未知數。我的學歷只到高中，沒有相關工作經驗可助我在新的國家安頓下來、賺錢養活自己。我甚至沒有全職工作權，因爲學生簽證只准你工作二十小時。我會有什麼下場呢？我究竟有什麼勝算呢？我有的只是苦幹實幹、努力再努力的意願。

十八歲，我出發前往澳洲。持咒實現我的願望，但我要負責承擔後果。我隻身一人但自信滿滿，沒準備但有決心，漫無頭緒但滿懷希望，欣然迎向人生即將拋給我的一切。

4 第一次搭飛機

我記得清清楚楚，人生中有兩次我覺得很麻木。第一次是我要飛往澳洲時，第二次是十二年後我出家時。不，這種麻木不是肢體上的麻木，而是情感上的無動於衷。我記得自己沒有任何情緒起伏，家人和幾位至親好友來機場送我，他們嘴巴上沒說什麼，眼神卻說了很多。我要去一個離家幾萬英里的地方，不知何時才會歸來。

我們家沒人搭過飛機，更別提離開印度，到別的國家生活。在機場，他們天南地北什麼都聊，就是不提一分一秒逼近的登機時間。他們不願去想，因爲在「我的未來」這班思緒列車上，唯一的乘客就是擔心、不安與離別的痛苦。我記得自己一邊道別，一邊通過安檢門。親人站在那裡目送我，我看起來滿懷希望又無依無靠，他們看起來傷心難過又不知所措。

從新德里到雪梨的航班對我來講是一趟小小的冒險。跟我五歲時第一次見識到書店或第一次造訪圖書館不一樣，那兩次的發現令人雀躍，我只有興高采烈的心情，沒有絲毫的茫然與困惑。這一次是前所未有的體驗，不管是安全帶怎麼綁，還是嘔吐袋怎麼用。我不知道餐點和飲料要不要收費，也不知道小巧的廁所裡裝了什麼。最重要的是，我不知道在澳洲等著我的是什麼。

好的和不那麼好的，關於未來的念頭不斷在我腦海冒泡。不過，我既不焦慮也不緊張，內心已做好兵來將擋、水來土掩的準備。我只是靜靜坐在那裡，我向來都是這個樣子。面對莫大的逆境、極致的狂喜或陌生的情緒，我的反應是安靜下來，這份安靜讓我沉澱情緒專心思考。我沒有和其他乘客交談，也沒看電影或聽音樂，我只是坐在那裡浮想聯翩。

我的留學代辦不只處理我的入學申請事宜，也安排機票和接機事宜。他們說會爲我安排「寄宿家庭」，我還記得自己聽了有多興奮。我會跟一個澳洲家庭生活在一起，這種住宿方式會讓我有機會學習澳洲文化，我也很高興得知吃素對這家人來說不是問題。

「我們已經傳眞給學校的註冊組了，他們會派人接機。」留學代辦告訴我：「他們會在機場舉著一塊牌子，上面寫著你的名字。」他篤定地說。

一抵達雪梨後，我通過海關、領了行李，接著就在入境大廳等候。我迫不及待想看看誰會來接我，很好奇自己要和什麼樣的家庭生活在一起。但我等了又等，卻沒人出現。我走向外面的人群，焦灼地掃視一張張面孔，期待有人走上前來，問我是不是阿密特．夏爾瑪（Amit Sharma）。我一一端詳他們舉著的牌子，希望我的名字出現在其中一塊牌子上。我心想自己是不是走錯出口了，便從入境大廳的這個角落晃到那個角落，但我做什麼都是白費力氣。

我像雨季裡尋覓核桃的松鼠般，花了一小時找來找去，心裡有點緊張、焦躁，但也懷著希望。親人的臉孔在我眼前閃過，他們一定在想我是不是安全抵達了。我到機場的花店用五元紙鈔換了硬幣，塞了兩枚一元硬幣到公共電話，打了通電話回家，簡短報個平安，跟他們說一切都好。家人聽到我的聲音就放心了。

我繼續回去守候，這一等又等了三小時。我心想，如果有人要來，或如果有人能來，那他應該早就到了才對。最後，我得出沒人要來接我的結論。後來學校的註冊組告訴我，當初他們不曾接到任何有關接機或安排住宿的指示。

現在，我無處可去。除了在電視和學校的簡介手冊上看過的澳洲國旗、袋鼠和雪梨歌劇院以外，我在澳洲人生地不熟，誰也不認識。事實上，我倒也不是舉目無親，我確實有個表哥在澳洲，但我和他沒有聯絡。

有個朋友的朋友也住在澳洲，我有他的電話號碼，事實上，我有兩個他的電話號碼。我兩個都試了，但結果都是空號。我一時急出滿身汗，傷腦筋地抓抓頭，這下子我要去哪裡？我要到哪裡找個吃飯睡覺的地方？我是可以去住旅館，但手頭上總共只有三千元的急用金，我這樣是能撐多久？

就在這時，我想起那位留學代辦的兒子住在雪梨，而且他給過我他兒子的電話號碼。他說過：「如果有什麼緊急狀況，你可以打給他。」嗯，對我來講，這就是緊急狀況。我試著撥了那個號碼，有人接起電話，對方正是那位留學代辦的兒子，我不禁感謝我的守護星。我向他說明寄宿家庭的狀況，告訴他我無處可去。

「接下來三個星期，我哥我姊回印度去了，你可以暫時住我們這裡。」他說：「坐計程車過來吧。」他把地址給我。

我招了一輛計程車坐上去。司機說：「G'day mate.（日安，夥伴。）」我聽不懂他說什麼，因爲聽起來不像英文。我從沒聽過澳洲口音，就連在我看過的好萊塢電影中也沒聽過，再說我看過的也不多，從《小鬼當街》（*Baby's Day Out*）到《魔鬼終結者》（*The Terminator*），或許總共就看過二十部吧。

我把地址報給司機，我們就上路了。我的老天爺，一切都是那麼整齊清潔、井然有序，我從沒想過街道能夠這麼乾淨又有秩序。最後，我們抵達目的地——北雪梨的獵鷹街（Falcon Street）。如今我已不記得門牌號碼了，只記得天氣很冷。我抵達的那天是六月二十一日，幸好那天是星期日，萬一是週間，留學代辦的兒子就不在家，也就沒人會接我電話了。花了通話費又付完車資後，我身上少了三十六元，將近我存款的百分之一就這麼沒了。

我拖著沉重的行李上到二樓。我的東道主是一位二十出頭的年輕男子，他自我介紹說他叫阿樂，並請我將行李放在客廳。他們住的是只有一間臥房的公寓。

「你可以睡在沙發床上。」他提議道。

我點點頭。只要有個遮風避雨的地方，我就很高興了。

這週末有別的朋友來阿樂家暫住。這位朋友是研究生，專攻商業貿易，拿的是學生簽證，在一家工廠打工。不一會兒就有另外四個人加入我們的行列，他們都在同一家工廠打工，其中一人最近剛拿到計程車駕駛執照。

我們坐在那裡東扯西聊，那位研究生給了我一些不請自來的意見：「如果你以爲可以找到工作，那我告訴你別傻了。我有德里大學商學碩士的學位，而且在這裡的一家工廠工作，我清楚得很。這個國家種族歧視很嚴重，而且你在印度的學經歷都不算數，本地的工作經驗才是眞的。」

「他不能去考個保全執照嗎？」另一位夥伴問道。

「如果他付得起，培訓課程要一千兩百元吧。但就算拿到保全執照了，可想而知，他不見得排得上班。」那位商學碩士像在說什麼神諭般預言道。

「也是啦，或許他可以找個洗車的工作。」

「或許吧。」

「餐廳裡的服務生？」

「他聽不懂他們的口音啦。」

「還是到鄉下的農場打工？」

「如果別的工作都找不到，那就只剩這個選擇囉。這個選擇不是很理想，因爲如此一來他就不能念書了。他如果被當掉或學生簽證到期了，那就可以考慮去農場。我認識一個可以幫他介紹工作的人，這個人有一塊馬鈴薯田。」說這話的又是那位商學碩士。

「那計程車司機呢？」

「別鬧了！你得背熟那些街道名稱和路線。你知道計程車司機的執照有多難考嗎？」

到此時爲止，我都沒有參與這段談話。他們愛聊什麼是他們的事情，跟我不太有關係。本來我不在乎他們怎麼說或怎麼看我，畢竟我不必向任何人證明自己，當然也包括這些人在內。然而，看他們替我想了那麼多、聊得那麼起勁，我怕這場談話沒完沒了。

「聽著，各位。」我打斷他們道：「我很清楚自己是來這裡幹什麼的，我來澳洲不是爲了開計程車、洗車或挖馬鈴薯，我會爲自己做更合適的安排。」我還說了一些別的，但現在已經不記得了，只記得我一口氣說了五分鐘吧。在那之後，他們就沒再煩我了。

從我抵達的第一天起，阿樂就要我付房租。「電話費是打多少算多少，水電費是算人頭分攤。」他補充道。此外，我要在三星期內找到自己的住處。他開的條件很公平，但此時我只覺得很餓。我從一早就沒有吃任何東西，現在早已過了吃中飯的時間，卻沒人提起午餐。一直到下午五點左右，他們終於拿了啤酒和其他酒精飲品出來，並且點了外賣。他們請我喝啤酒，甚至堅持要我試試威士忌，我拒絕了。菸酒和轟趴非我所好，再者我跟這些人也不熟。在我認識的人當中，只有夏爾瑪教授和帕爾維許會喝酒。帕爾維許僅止於偶爾小酌，而夏爾瑪教授喝起酒來優雅極了。

無論如何，人生的樂趣盡在於動腦。我嘗過更滿足也更持久的刺激，而且這些刺激沒有任何副作用。智力的挑戰最是令我興奮，我樂得一連數小時坐在那裡破解程式或盯著棋盤，更別提讀書或用電子琴創作樂曲了。見鬼了，讀完一本偉大的書或解開一道程式，我甚至會有醺醺然的感覺。

最重要的是，我深知內在的喜悅何在。我體會過潛入冥想之海的美好感受，我嘗過持誦梵咒的銷魂滋味，每一聲愈發昂揚的吟唱都帶領我進入另一個境界。如果有靈魂的腎上腺素、精神的麻醉劑，對我來講那就是冥想。

第二天早上，我走到銀行開了一個新的帳戶。銀行經理很親切，笑容滿面地招呼我。沒人插隊，這裡一切井井有條，但氣氛悠閒。不到三十分鐘，我就有了一組銀行帳號和一張臨時的提款卡。回家途中，我拿到一份免費的地方報紙，報上滿是祕書、行政助理、電話推銷員等等的徵才啟事，但卻沒有工程師、編輯或業務員的職缺。我後來發現，只有主流大報才會刊我想找的工作類型。

下午，我去了新學校一趟。這所學校只在一棟小建築的某層樓占據了幾個房間而已。校長李察·達·希爾瓦（Richard Da Silva）人很好，我自我介紹了一下，請他協助我找工作，但他說他愛莫能助。我說沒有薪水也可以，能否幫我找到累積工作經驗的機會，他答應會試試看。

我在暫住的公寓附近發現一家事務中心，我可以在那裡撰寫、列印和傳眞求職履歷。我應徵了幾個祕書和行政工作，花了大約一小時發傳眞後，我衝回家守在電話邊，免得漏接雇主的電話。我在電話旁守候了一整天，但它響都沒響過一下。第二天，我又發了更多傳眞出去。第三天，我意識到我得自己打電話去盯進度，各家公司的人力顧問不會主動打給我。

第四天，我打電話回家，讓他們知道我一切平安。結果母親跟她哥哥聯絡過了，我舅舅的兒子阿榮・莫吉爾（Arun Modgil）住在雪梨，舅舅建議我跟表哥聯絡。我跟阿榮聯絡上，他說週末過來接我，叫我打包兩天的行李去跟他們住。我很樂意和阿榮一家人共度一段時光。

第五天，我不但收到回信，而且收到了兩封回信，信封上印有公司行號的標誌。我超興奮的，我終於得到面試的機會，搞不好還是直接就寄了錄取通知過來呢。結果第一封信是很有禮貌的拒絕信，信中的遣詞用字客氣到讓我覺得他們眞的很中意我，但迫於無奈實在是不能錄用我。我打開第二封信，信中的語氣就跟第一封一樣。我很失望，但還是很感激他們的回信。即使無意錄用我，還是有人願意撥冗回個信。儘管如此，我還是打了印在信上的電話號碼，對方說未來如有職缺會讓我知道。

一般來講，在印度，我會跟家人或夏爾瑪教授聊，但在這裡，我沒有一個可聊的對象。我突然覺得很空虛，第一次切身感受到自己是隻身一人，在完全陌生的國度，沒有後盾，必須找到生存下去的辦法。我要念書、找工作、支付日常開銷，也要存夠錢付下個學期的學費，否則就得收拾書包回家去了。在阿樂的公寓，浴室是唯一有點隱私的地方。我跑進浴室，看著鏡中的自己哭了起來。我沒阻止自己，就這樣任由眼淚直流，這是我第一次也是唯一一次在澳洲掉眼淚。

哭完之後，我的眼睛腫了，滿臉的倦容，但我卻覺得煥然一新，心情爲之一振。或許我終於接受自己是單槍匹馬在這裡的事實了，一旦接受事實，心情也就輕盈起來。無論如何，我不能一副哭喪著臉的樣子，因爲再過不到一小時，就要跟阿榮碰面。我可不想讓他知道我剛哭過，我洗了把臉，備妥週末要用的行李，在家等他來接。

他在快到公寓時用手機打給我，我連忙下樓，一出門就看到他在那裡——一名英俊的男子站在一輛時髦的本田 Legend 旁邊。我們握了握手，我彎身碰他的腳。以前我只見過他兩次，一次我還小，另一次是幾年前他回印度探親。他開著車，坐在旁邊的我讚歎著這輛車的一塵不染、毛絨皮內裝、自動排檔，以及寬敞的腳部空間。

阿榮不是很贊成拿學生簽證到澳洲，然後一面苦讀，一面掙扎求生。幾年前母親向他諮詢過送我哥出國深造的事，當時他就表達過意見了。他認爲如果想出國，最好是在印度把書念好，接著再到國外工作。這也是我之所以沒通知他我要來澳洲的原因。

在聽我報告完我的狀況之後，他說：「既來之，則安之。」

行駛途中，我得知他剛辭去工作，開始在收縮膜包裝的領域創業。他的專業是工程師，又有設計才華，日後他的事業將成長爲規模數百萬的大企業，在十多個國家都有分公司。

阿榮住在七山（Seven Hills）。七山是雪梨西部的郊區，離我的學校蠻遠的。我們花了一點時間才開到他家，抵達之後，他介紹兩個年幼的女兒阿娜塔（Ananta）和阿耶莎

（Ayesha）給我認識，這對姊妹分別是六歲和三歲。他太太阿菊（Anju）是一名合格會計師，在一家全球投資銀行工作，我抵達時她在上班。

那天晚上，阿菊回到家時，阿榮和我正坐在客廳聊天。她走進客廳，把頭歪向一邊，滿面笑容地對我說：「你好啊！」她的親切瞬間讓氣氛輕鬆起來。原來她是一個很棒的人，個性開朗又充滿愛。

即使我離開印度才一星期，感覺卻像過了一世紀。在短短一星期內，我已經到學校報到、拿到醫療保險、開了新的銀行帳戶、應徵至少二十份工作、收到兩份書面拒絕通知、踏遍北雪梨的大街小巷、聽了一場業務講座（滿心以為他們是叫我去面試的）、面試一份西洋棋家教的工作、向學校爭取累積工作經驗的機會，並且適應了澳洲口音。我的存款也少了兩百多元。

星期六，阿榮和阿菊邀一些朋友到家裡。不像我先前碰到的那一票年輕人，這群人不喝酒，我們享用了愉快的晚餐，我用從印度帶去的山葉電子琴彈了幾首歌，大家放鬆地享受音樂。第二天，到了我該回去的時候，阿榮一早就來找我說：「我們想邀你來我們家住，直到你稍微安頓好了爲止。」

「拜亞❶，我樂意之至。」我說：「但我不想給你們添麻煩，家裡其他人都同意嗎？」

「是呀，我跟阿菊討論過了，事實上，這是她的主意。」

他們的舉動讓我深受感動。阿榮好心借我用他的電話線，這條電話線獨立出來接了一台傳眞機。坐下來發應徵工作的傳眞時，我的腦海滿是做生意的點子。在我眼裡，到處都是機會。我不想浪費一分一秒，甚至跑去登記了一個公司名稱：威康科技（Webcomm Technologies）。網際網路蓄勢待發，充滿無限可能性，逐漸成爲不可抗拒的趨勢，而我不想錯失良機。唯一的限制在於我沒有創業資本。話雖如此，我其實不需要幾百萬，甚至連十萬塊都不必。我只需要有人告訴我：「別擔心下一學年的五千塊學費，別擔心接下來六個月食衣住行的開銷。」只要有這一重保障，我就敢放手一搏、大膽創業。然而，此時此刻，我沒有這種喘息的空間。

我很快就發現，當地的報社沒有什麼軟體方面的職缺，也沒人打算給我工作機會，因爲我欠缺當地的經驗。爲了聯絡更多公司，我每天翻黃頁電話簿，打給五十個可能的雇主。如果可以，我甚至會打給一百個雇主，但阿榮的當地免費電話有一定的額度，我不想超過免費額度。有一次，對方願意洗耳恭聽，但聽我說完之後，他說：「我只覺得自己在聽機器人講話。」

機器人？顯然我失敗了。這下好啦，我卯足全力，結果電話另一頭的人只覺得我是機器人。我想，這意思就是我聽起來很機械化吧，但接下來他說的話卻改變我的想法。「兄弟，我這裡沒有資訊科技方面的職缺。」他說：「但你願意爲我工作嗎？我需要一個在電話中聽起來就像你這樣的人才。」

這是我第一次從澳洲人口中聽到讚美，但我還是希望能找到程式設計方面的工作，所以有禮貌地婉拒了。

❶ bhaiya，印度語「大哥」之意。

然而，隨著時間一天天過去，我心裡愈來愈著急。一星期後，我錄取一份電話行銷的工作，趕緊抓住這個機會不放。這家公司位於一個叫做寶琴山（Baulkham Hills）的郊區，是名副其實的「居家事業」——老闆把自己家改造成辦公室。我的酬勞是每小時十二元外加佣金，我忍不住去算這些錢要用來做什麼，感覺我突然發財了。

我的工作是向小型企業推銷我們的服務。一旦有顧客感興趣，我們就會把訂單傳真過去，如果對方在上面簽下大名、塡妥信用卡資料回傳過來，這筆訂單就成交了。不過，我的雇主是一位老先生，他自有一套特定的流程。你必須在上午九點到下午一點之間打電話，在下午發傳眞，到了晚上或次日再打電話確認。

我沒有停下來去吃中飯或喝茶，只顧一直打電話。我發現其他電話推銷員會在早上成功拉到一、兩位顧客。上班第一天，我就在上午拉到八位有興趣的顧客，下午又拉到十四位，因爲我整天狂打電話給新的顧客。一有顧客感興趣，我就衝到傳眞機前發傳眞，然後立刻打電話確認，以便速速成交。第一天，我就成交了六位顧客。我不禁在心裡暗自「哇」了一聲，覺得自己很厲害。

老闆可不這麼認爲，他不贊成我不照規定的時間傳眞。「你要照流程來。」第二天，他對我說：「我們只在午休時間傳眞。」我向他致歉，並回到我的辦公桌繼續打電話。第二天，我拉到將近三十位很感興趣的顧客，但卻沒有任何一筆訂單成交。依我之見，打鐵要趁熱。想都不用想，成交的道理就這麼簡單。

第三天，我向執行經理求助。執行經理是一位年長的女士，她負責向老闆報告。我跟她解釋說只要准許我立刻發傳眞，我就能做出超標的業績。她向老闆轉達我的請求時，我就站在老闆的辦公室外等。幾分鐘過後，他和她一起走出來，當著我的面說：「叫這個笨蛋滾蛋。」

從來沒有人這樣對我說話。的確，我很缺錢，但我沒打算爲錢受人侮辱。常言道，凡事總有第一次；這是我第一次受到這種羞辱，我很錯愕。

「先生，注意你的措詞。」我說。

「去你的。」他罵道。

我震驚地站在那裡。老傢伙氣壞了，那位女士連忙請我離開。

「妳要付我這兩天的工資和佣金嗎？」我問那位女士。

「去你的，滾蛋！」他代替她回答。

「先生，你是怎麼回事？」我無助地想要跟他比大聲、比氣勢，但我比不過他。就連我都覺得自己聽起來很弱、很卑微。他搖搖頭，回他的辦公室去，那位女士催我離開。

我拿起包包走了出去，邊走邊沉浸在自己的思緒裡，心理壓力大得喘不過氣，不知不覺錯過了公車站，只顧一直走。最後，我撐不住了，在路邊一屁股坐下。我就那樣坐了很久，想著再過十個月左右，我就要繳五千元的學費，而且我要盡快搬出表哥的房子。我必須找到賺錢的辦法。

回到家時，阿榮人在家裡。「你今天回來得很早啊！」他關切地說。

「那傢伙對我罵髒話。」

「誰罵髒話了？」

「電話行銷公司的老闆，他對我罵髒話。」我向阿榮透露一些細節。

「怪了，怎麼有這種事。但爲什麼呢？後來你怎麼辦？」

「我能怎麼辦？他們請我離開，我別無選擇。」

「眞糟糕。但是別擔心，你很快就會找到別的工作的。」他說：「他們有沒有至少給你兩天的工資？」

「他們給我的只有羞辱而已，半毛錢也沒有。我拉下臉來向他們要工資，他們不給就是不給。」

「去他們的。來吧，我們喝杯咖啡。」

他試圖逗我笑、爲我打氣，但我實在提不起勁。眼前我什麼也不想做，但我沒有什麼都不做的餘裕，我要行動才能生存。我拿起黃頁電話簿，甚至更積極地打起求職電話。

時隔六星期，打了一千五百通電話後，一家叫做澳洲視窗出版（Australian Windows Publishing）的公司給了我第一個機會。一位名叫瑪歌．波羅萊特（Margo Plowright）的女士通知我去面試一份軟體程式設計的無酬工作。我第二天就去見她，發現這家公司是她和她先生一起經營的。

當然，無酬工作不是最好的選擇，畢竟我急需用錢。但對我來講，有機會在資訊科技業工作，比找到其他任何產業的有薪工作都更重要。我熟悉的程式語言是C++，我問他們可否讓我用C++寫程式，他們表示沒問題。不過，他們用的程式語言是Delphi，這種語言我聽都沒聽過。我不是很想花工夫去學，因爲Delphi語言的程式設計師沒有什麼發展或未來可言。但話說回來，目前對我來講，只要有任何突破都是好事。

澳洲視窗出版給了我四星期的工作經驗。足足四星期，我只是在複製貼上和重新命名HTML檔案，那就是我的工作，很簡單，輕鬆得不得了。但我想找的不是這種閒差，我年紀很小就學到酬勞和工作的難度成正比。你承受的壓力愈大，你賺的錢就愈多，做來容易的工作酬勞較低。但無論如何，我沒有別的選擇。

第四週一開始，這對夫婦給了我一個不可思議的消息。「我們對你的表現很滿意。我們很樂意跟你簽一年約，就從下星期開始。我們會付你一小時十五元，每週工作四十小時。」

我不敢相信自己的耳朵，我終於找到工作了，有人認爲我確實有那個價值。金錢能讓你覺得自己很重要，而我就有這種感覺。儘管我不十分滿意，但我還是謝謝他們給我這份工作。其中一個我不滿意的原因，在於我沒在寫程式，只是在做一些連小六生都會做的事。其次，我沒告訴我的兩位雇主我一週只能工作二十小時，這是學生簽證的規定。

那天晚上，我在學校上課時，校長叫我到他的辦公室。「恭喜，阿密特，我有個好消息。」他說：「我們幫你跟一家軟體公司牽上線，他們要找你去面試。」

「太感謝你了，李察！」

「那是爲期兩星期不支薪的工作，他們滿意的話就會再延兩星期。」

「好極了！」

「面試時間是星期三。」

到了星期三，我打電話向澳洲視窗出版請病假。他們不介意，畢竟我是免費在那裡工作。我去澳洲貿易科技公司（Trading Technology Australia）面試，這是一家位於市中心的小型財金軟體公司。公司的兩位董事格萊葛利·洛斯特隆（Gregory Rostron）和喬·麥塞諾（Joe Maisano）負責面試我。格萊葛利來自瑞士德語區，他很久之前就搬到澳洲了。喬有義大利口音，但他是在澳洲長大的。

面試之後，他們給我電腦工程師的職位。我再三確認這份工作的內容會是在程式設計這方面，他們也向我保證就是程式設計沒錯。我問他們我可否用C++寫程式，他們說他們一般用的就是C++。儘管這星期沒有酬勞，但會給我一星期的火車通行證。

現在，我陷入兩難的局面了。一方面，澳洲視窗出版給我一份有酬勞的全職工作，但在那裡的工作不會有什麼挑戰和成長。另一方面，澳洲貿易科技公司這裡有一份無酬的機會，時間只有兩週，不保證有什麼展望，但工作內容是程式設計，既是我專攻的領域，也是我有抱負的領域。如果選擇澳洲貿易科技公司，我可能兩週後又回到原點，重新打起求職電話來了。如果選擇澳洲視窗出版，我可能一年後還是在把檔案複製貼上。我問自己：

「最糟能有多糟？」

5 從十五元到二十五萬元

星期一，我到澳洲貿易科技公司的辦公室報到。向一小組的研發人員介紹過我以後，喬就派給我第一件任務，請我打造一套聯絡資料管理軟體。

「聯絡資料管理軟體？」我聽了他的指示有點訝異，因爲我以爲自己要做的是財金軟體。

「是啊，我需要一套應用程式來管理我的潛在客戶和現存客戶名單。」

他帶我到一台電腦前。「我們這台電腦裝了VB。」

「VB？」

「是啊，你沒聽過 Visual Basic 嗎？」

面試時我說得很清楚，我只知道 C++。

「唔……我不知道 Visual Basic，但我可以學。」

就這樣，我坐下來望著螢幕，不知如何是好。我的電腦沒有接網路，換言之，我沒辦法上網查任何參考資料。我知道如果我編不出喬要的系統，過兩星期我就會被掃地出門。也可能不到兩星期，他就請我走人了。

在澳洲視窗出版做閒差的情景不斷干擾我的思緒，但我來都來了，我得盡快找到解決辦法。我的存款只剩最後的六百元。午餐時間，我出去買了一本 Visual Basic 入門書回來。四天之後，我交出完完整整的一套聯絡資料管理軟體。

「做得好，夥伴。」喬說：「你怎麼說你不會 Visual Basic 呢？」

「我本來是眞的不會。」

「你花四天編完這整套軟體嗎？」

「嗯，是啊。」

「我聽說印度來的工程師都很厲害。四天！了不起！」

「謝了，喬。這套系統還有很多要改進的地方，目前只是第一版。」

「放馬過來，夥伴。」

他看看格萊葛利，豎起四根手指說：「四天！」

接下來的星期四，他們把我的任用期多延長兩週。

到了我在澳洲貿易科技公司的第三週，格萊葛利和喬已經對我有充分的信心。他們把一套叫作 **Ringer** 的旗艦產品分配給我，專爲財金市場設計的 **Ringer** 是極爲精密複雜的軟體，透過這套軟體，交易人可依據市場動向買賣債券、外匯和選擇權。我和一個研發小組合作，負責軟體維護。任職將滿一個月之時，他們給我長期的兼職工作機會，時薪十五元，按照學生簽證的規定一週工作二十小時。

但我想在不違規的前提下超時工作，於是我去跟格萊葛利和喬談條件。

「你們可以只付我二十小時的薪資，但我眞的很想多學一點。我能不能每週在這裡工作四十小時以上？目前我在家裡還沒有自己的電腦。」

「好，我們會給你辦公室鑰匙。」格萊葛利說：「你想晚點下班就晚點下班。」

我必須工作得更賣力、學得更快、賺得更多，因爲唯有如此，我才能實現有朝一日在澳洲上大學的夢想。我知道這是狂野的夢想，因爲它超乎我的財力範圍。目前，我擔心的是好市圍商學院文憑課程的學費，因爲再過七個月就要支付下一筆五千元的分期款項，我不知道要怎麼存到這筆金額，我已經在做得到的範圍內竭盡所能努力工作了。

我的一天通常從清晨五點開始，早點起來才能趕在別人之前洗個澡。因爲阿榮家只有一間浴室，這樣我才能避免稍後打擾到他們。洗漱完畢，我就會吃兩片吐司配一杯茶，並裝好自己的午餐。午餐便當通常是前一晚留的剩菜，或者四片吐司抹果醬。

我一般在早上六點左右出門，步行兩公里到車站。那一帶要爬坡，加緊腳步的話，抵達火車站需要的時間恰恰是十八分鐘。如果阿菊早出門或我晚出門，她偶爾會載我到車站。到城裡的車程是四十五分鐘，接著步行到澳洲貿易科技公司辦公室的路程是十五分鐘。我從早上七點半開始寫程式，直到下午五點過後。

從辦公室搭火車到我的學校要二十分鐘，我在那裡上課到晚上九點，等我回到家時已經將近晚上十一點了。這時大家皆已入睡，我靜悄悄地進到屋裡，我會洗把臉、換個衣服。有時候，我會想去浴室沖澡，但怕吵醒別人還是作罷。有時候，我甚至避免在夜裡上廁所，因為沖馬桶的聲音很吵。

阿菊會為我留晚餐，我通常用微波爐熱來吃。也有時候我就吃冷飯，因為開微波爐的聲音在深夜裡聽來特別響。阿菊和阿榮本身也很忙，又有小朋友要照顧，我不想打擾他們，我可不要用粗心來回報他們的好心。我到家時，阿菊和阿榮有時剛好在看《法網遊龍》（*Law and Order*）電視劇，這時阿菊就會為我煮一頓熱騰騰的晚餐。

吃完晚餐就將近午夜了，我會把沙發床鋪好，接著讀兩小時的書，讀完了再睡覺。我在讀書的時候，阿榮有時會走進房裡，像哥哥般以疼愛的口吻叮囑我多睡點覺。無庸置疑，這對夫婦相當疼愛我。他們不收我房租，也不要我繳伙食費或水電費。他們週末出遊總有我一份，而且從不過問我的隱私。阿榮總是鼓勵我，阿菊總是支持我。

* * *

我在阿榮和阿菊家住了將近五個月。現在，我有在賺錢了，也該自己找地方住了。跟別人合租是我唯一的選擇，因爲我沒有那麼多錢可以自己獨占一戶。十二月的第一週，我在地方報紙看到一則招租啓事。有個人住在我學校附近，他要找一個室友，他是一個有克羅埃西亞口音的澳洲人。我打電話過去時，他自我介紹說他叫安東尼。然後他說：「房租是每週一百元，水電費另外算，用多少算多少。」我一口答應他的條件。

現在，住在離學校兩條街的地方，生活比較輕鬆了。每天省下將近兩小時通勤時間，只要二十分鐘車程就到上班的地方。我有更多時間讀書、寫作業，有時還能休息一下，做白日夢。有了自己的房間，我也重拾打坐的習慣。

安東尼和我的互動不多。他任職於營建業，每天早早出門、下午三點左右回家。我對營建業一無所知，而他對電腦一無所知。我是虔誠的印度教徒，他是堅定不移的新教徒。我對克羅埃西亞的文化很陌生，對澳洲文化只知一點皮毛，安東尼則對印度毫無概念。不過，我們倒是有一個共同點：我們都屬於「安靜型」的人。光這點就足以鞏固我倆的關係，因爲一切盡在不言中，我們默默接納彼此，並尊重彼此的私人空間。我協助他買了一台二手電腦之後，我們毫不意外地變成好朋友。

我搬來兩個月後，在一個懶洋洋的週末，他聊起一個名叫艾維斯．普里斯萊（Elvis Presley）的人。此人顯然是個搖滾天王，只不過我沒聽過這號人物。

「真的假的？你沒聽過貓王嗎？」問完之後，他還是驚訝地張著嘴。

「沒聽過。」

「你開玩笑的吧。」

「我沒開玩笑。」

「兄弟！你一定是地球上唯一一個沒聽過貓王的人。」

「或許吧。」

他仰頭大笑起來。那天稍晚，我剛好和我在印度的哥哥通電話，我把這個小插曲告訴他。

「你問他聽過印度歌姬拉塔．曼吉茜卡（Lata Mangeshkar）沒有。」我哥說：「跟他說她唱過的歌曲數量創下金氏世界紀錄，總計兩萬六千多首！」

我們兩個在電話中笑成一團。無論如何，我哥哥拉揚無條件支持我。

然而，爲了在澳洲生存，我需要的不只是笑聲和安慰，還有資金。工作所得扣稅以後，我每星期淨賺兩百五十四元。再扣掉房租、水電、火車通行證和日常採買，大概還剩下五十元，但我每星期都會辦單人派對，每到星期五就款待自己一下。早上，我會買一杯我最愛的卡布奇諾，下午再來一杯柳橙汁，晚上去連鎖速食店飢餓傑克（Hungry Jacks）吃他們的素食套餐，餐點包括一個美味的素食漢堡、一份薯條和一杯無酒精飲料。

我的派對有三位嘉賓：我本人、我自己和在下我，從不會有四位或兩位嘉賓，我沒有時間也沒有心思交朋友、談戀愛或參與社交活動。每星期，我也款待自己一本新書。我已經認清就算我每週存五十元也不夠付學費，把錢投資在買書和充實知識上，似乎是比卯起來存錢更好的選擇。

即使我不曾開口，格萊葛利也察覺得到我的擔憂和我面臨的挑戰。有一次，他邀我去他家，跟他太太和兩個兒子共進午餐。他太太琳達是一位親切可人的女士，知道我吃素，還特別費心爲我煮了扁豆飯。格萊葛利對我很好，他提議我去住他們家，把房租省下來。

住宿免費真的可以幫我省下很多錢，但我向來是個重隱私的人，我很珍惜自己在那戶安靜的公寓裡的私人空間。

此外，一個免費的住處終究不是長久之計，賺更多錢才是王道。我持續鍛鍊和增強自己的技能，透過不斷讀更多書和學習新的技術改進自己。我日以繼夜寫程式，每天不是在寫程式和念書，就是在修行。你可以半夜把我叫醒，問我某個程式語言的規格，我馬上可以說出正確答案。你可以給我一套有漏洞的軟體，我甚至不用編譯器轉碼或跑一下軟體，只要看一看就能準確指出是哪裡出錯，幾乎像是爲自己養成一種程式設計的本能。我請不起家教，在程式設計的實務上，沒人指導我。學校老師教的太基礎，不能滿足我的需求。我需要神的幫助，但祂忙著爲混亂失序的世界整頓秩序。我只能仰賴自己的技能，只能靠自己多讀書。

爲了更上一層樓，我決定去考微軟的系統工程證照，並爲此買了一堆書來自修。有一家叫作萬寶華（Manpower）的人事顧問公司准許考生到他們的場地，以線上測驗的方式應考。我去那裡考試的那天遇到兩個很棒的人：基倫．霍桑（Kieran Hawthorn）和蘇大衛

（David Soo）。基倫是白種人，各方面看起來都是澳洲人的樣子。大衛有中國人的口音，但他是在澳洲出生長大。

我們聊了一會兒之後，基倫給了我一個驚喜。他要替他的客戶媒合人才，他說他想爲未來可能的工作機會面試我，於是我們在一間會議室坐下來談。

他問：「你還知道其他的程式語言嗎？」

我沒回答他的問題，反倒告訴他：「基倫，你很快就會離開萬寶華去開自己的公司。」

「不好意思，你說什麼？」

「你會開公司，而我會是貴公司第一位媒合給客戶的人才。」

他連忙關上門，坐到我旁邊低聲道：「你怎麼知道的？你是靈媒嗎？我上星期才剛開始考慮辭職。」

「當我的直覺開口說話時，我就洗耳恭聽。我傾聽來自內在的聲音，基倫，那聲音說了我剛剛對你說的話。」

「那我的事業做得起來嗎？」

「做得起來，無庸置疑。」

四星期後，基倫從他自己的人力資源公司打電話給我。他說「純商」（Pure Commerce）這家位在澳洲科技園區（Australian Technology Park）的新創公司有一個網頁工程師的機會，公司的執行長是個二十六歲的年輕人，名叫丹尼爾．拉威奇（Daniel Lavecky），基倫幫我跟他牽上線。

結果丹尼爾在兩星期內面試了我三次，每次都花很久時間，問了我一堆問題。其中一次談話中，我問他公司的規模有多大。他沒有直接回答，只告訴我有很多利害關係人和包商。三次面試過後，他說很快就會有人跟我聯絡。

那天是星期四，我在澳洲貿易科技公司上班時電話響了。

「恭喜！你得到那份工作了。」基倫說。

我的心臟狂跳。

「我錄取了嗎？」

「是啊，待遇是四萬元。」

是不是！這下子，上大學的事有指望了。

「什麼時候開始上班？」

「丹尼爾要你立刻開始，星期一就去。」

「但目前這裡我得提前兩週提辭呈。」

「我強烈建議你星期一開始上班，因爲我們不想錯過這個機會。我已經跟他談了你的簽證問題，丹尼爾說會根據簽證的規定去擬合約。我怕我們不會再碰到這麼好的機會了。」

的確，我不想錯失良機。純商是澳洲率先做多重貨幣線上處理系統的公司之一，專長是打造支付閘道（payment gateway）系統。

一掛電話，我就向格萊葛利和喬宣布這個消息，告訴他們我要離開他們的公司了。

格萊葛利帶我到會議室，關門關得比平常用力了點。

「好了，跟我說說怎麼回事。」他的表情不帶什麼情緒。

「我想離開澳洲貿易科技公司。」

「但我甚至提議讓你免費住我家！」

「我知道，格萊葛利，我很抱歉。我不得不這麼做，因爲我得負擔自己上大學所需的費用。」

他設法慰留我，再多談了一點之後，我們很快就跳到離職預告期的主題上。

「嗯，你考慮考慮，星期一再跟我說。」

「事實上，我星期一不會來上班了。」

「什麼？你應該要提前兩週預告。」

「我很抱歉，格萊葛利，我沒辦法預留兩週的時間，因爲新的雇主要我星期一開始上班。你放心，我的程式檔案都整理得好好的。」

「太扯了吧。」現在他的音調有點上揚了。比起難過，我感覺到他更多是生氣。

「我很抱歉。」

「你好好想一想，夥伴。」格萊葛利簡潔地結束這場談話。

當時是一九九九年四月，我在澳洲貿易科技公司已經工作了六個多月。那天下午離開後，接下來的星期一我就沒再回去。我是個不知天高地厚的小毛頭，不珍惜我跟格萊葛利和喬的關係。更糟的是，我知道不該用這種方式辭職，但我無法抗拒新的工作機會。我覺得自己不能讓機會溜走，因爲我要有教育基金才行。話雖如此，像我那樣有失專業、不知感激地離開還是不對的，在道義上是不對的。就工作本身而言，我的付出超過報酬，因爲我只拿二十小時的酬勞，卻工作了兩倍的時間；就私人層面而言，我徹底辜負了格萊葛利的好意。我欠格萊葛利和喬一個道歉，我始終沒能好好跟他們說聲對不起。

我以莫大的熱忱開始在純商上班。除了我之外，只有另一個人在那裡工作，那就是丹尼爾。我找來找去，發現完全沒有其他員工。我是他第一位也是唯一一位員工，這種狀態一直持續到我在那邊任職的最後一天爲止。我倒是不介意只有我一個人，這份工作很有趣，待遇又很優渥。我的辦公桌上有一台個人專線電話，我的電腦可以上網。

在純商任職期間，我也以快轉的模式，只花一年時間完成兩年的文憑課程。但這份文憑只是里程碑，不是目的地。我爲這個課程那麼拚命，但到了念完之後，卻發現自己過去一年實際學到的不多，我在工作經驗上的收穫大得多。如果可以，我還寧可輟學不念，但我不可能這樣做。因爲如此一來便違反學生簽證的規定，隨之而來的就是從澳洲被遣返。我一心一意要受大學教育，我想要一個像樣的學歷，至少得有個學士學位。但話說回來，我可不打算爲了大學學位再付出三年時間。我想盡快拿到學位，解決學歷這件事，然後專心在事業上衝刺。

這時，我的文憑有個小小的問題。我的成績很好，符合獲頒文憑的資格，但如果我想拿到文憑，就必須連第二年的學費也全額付清。這種規定也不是不合理，但我純粹就是沒有錢去付那五千元的學費。我沒有洩氣，我帶著成績單去見西雪梨大學（University of Western Sydney）的課務主任。他看了我的入學申請書，接著一一檢查我的成績單、履歷表和軟體程式列印樣本，這些資料都和入學申請書整齊地釘在一起。

「你爲什麼想念西雪梨大學？」

「因爲西雪梨大學是這裡的頂尖學府之一，而且正好有我想修的課程。」

「但你在業界已經有工作了。」

「是的，霍賽先生，但我想多學一點軟體建模和商用系統的東西。」

他跟我面談了十五分鐘左右，接著就在入學申請書上標記：「免修一年級必修課。」

「我給你最大限度的免修課程時數了，歡迎來到西雪梨大學。」他說。

霍賽先生也批准了我對學費支付方式的請求，讓我用分期付款的方式支付學費。到頭來，我在好市圍商學院的努力也不算白費，我不只爲三年的學位課程省掉一年，也省掉了一萬四千元的學費。我從安東尼那裡搬出來，搬到自己的公寓，住在一個叫做帕拉瑪塔的郊區，因爲那裡離學校較近。突然間，我覺得自己的人生什麼問題也沒有了，一切迎刃而解。

每天搭車通勤途中，我開始利用時間爲一些刊物撰文。這些刊物主要是美國的科技期刊和雜誌，每篇文章的稿酬是五百美元。然而，由於時間不夠用，我寫了兩個月就不寫了。你得花腦筋構思，把文章寫出來，並提供範例程式。這些步驟都不難，但是很花時間，而時間是我揮霍不起的東西。我改成利用通勤時間來做學校的作業。

在純商，我的工作表現令人滿意，我做的應用程式帶來的獲利也很令人滿意。丹尼爾幫我加薪三萬，分成四個月發放。儘管這個條件很令人心動，我對這家公司卻變得興致缺缺，主要有兩個原因。其一，身爲這裡唯一的員工，沒有同事跟我分享所學，沒有人跟我腦力激盪。我難以提升自己的競爭力，因爲沒人跟我競爭。其次，我已經把核心軟體做出來了。現在，這份工作就像一顆汁都被我吸乾的芒果。對我來講，系統維護不具挑戰性，我想做的是軟體開發，因爲開發軟體才是正經事。叫軟體開發工程師去做系統維護的工作，就像叫建築師在他打造的世界級建築裡當工友。

接下來呢？我亟欲處理更大、更複雜的系統，解決更大、更艱深的問題。我樂在程式設計的工作，因爲它帶給我全神貫注的體驗，幾乎就像修行一樣。正當我在考慮離開純商之時，萬寶華的蘇大衛跟我聯絡。彷彿宇宙眞的聽到了我的請求，並回應我：「我答應你。」

我們相約喝咖啡。聊著聊著，他說：「像你這樣的人才應該去大企業工作。」

「但誰會僱用我呢？」我問。

「你爲什麼這麼說？」

我跟大衛打開天窗說亮話，把學生簽證對工作的限制坦白告訴他。不管我的技藝多純熟，任何一家公開的有限公司都不會冒險僱用我。然而，大衛有不同的看法。他告訴我，有一家願意爲了我賭一把的大公司有職缺。

「但簽證的問題怎麼解決呢？」我問。

「包在我身上。」

「大衛，我還有另一個問題。」

不等他反應，我就告訴他在接下來的新學期，有兩門課只在週間的某一天有開課，也就是說我每週得請假一天。

「別擔心，我們有辦法解決。」

「真的假的？」

「真的。」他說：「只要你別在面試時跟任何一位客戶提起這件事。我來搞定。」

三天後，媒體鉅子「新聞集團」（News Corporation）旗下的互動新聞（News Interactive）聯絡我去面試。歷經一連串的面試之後，大衛幫我談到很好的條件。

「阿密特，我有好消息要告訴你。」他在電話上說。

「說吧！」我不禁興奮起來。

「不是現在。我們今天下班後見面吃晚餐吧。」

我一下班就直奔達令港，我們在高檔印度餐廳「番紅花」的老位子就座。

「你猜怎麼了？」大衛以他一貫的平淡口吻說：「我談到我們期望的待遇了，連同新聞集團擔保的工作簽證在內，再加上他們同意你每週請假一天，直到你完成學業爲止。還有，他們會幫你付學費。」

我激動得不知如何是好，兩隻眼睛都濕了。

「而且，阿密特，我不是跟你開玩笑，這只是開始而已。」大衛繼續說：「你的專業能力令人佩服。」

我不想沾沾自喜不求進步，我想向大衛效忠，我想讓他和我的雇主以我爲榮，我想讓他們覺得自己沒有選錯人。但我不想接受新聞集團的擔保，因爲附帶條件是我必須至少爲他們工作四年，我向來不喜歡被綁住。我跟大衛反映，結果他說：「我會請他們修改合約。」

「只要你在你那一行的一天，只要我在我這一行的一天，大衛，我向你承諾，你會是我唯一的代理人。」

我舉起我那杯氣泡水，他則舉起他的啤酒杯。

「兄弟，敬你。」

加入新聞集團不久後，他們指派我當技術組長，負責帶領一整個研發小組。這裡的一切都更大：更大的計畫、更大的團隊、更大的挑戰，還有更大的報酬。辦公室本身就比我目前待過的任何地方來得豪華。坐落於一個叫做派蒙的郊區，我們的辦公室是一棟水岸建築，有著從地板延伸到天花板的落地玻璃窗，甚至還有免費的咖啡和撞球桌，而且，不是喔，我說的可不是難喝的即溶咖啡，而是眞正的咖啡。兩位咖啡師爲我們煮出一流的拿鐵、卡布奇諾和義式濃縮咖啡。時值網際網路蓬勃發展之際，雇主用盡辦法吸引硬底子的IT專業人才。

新聞集團是一個高效多產的工作環境，尤其適合像我這樣的科技宅男。我交出一個又一個專案，他們持續派給我更多任務。大衛和我變成非常好的朋友，我們每星期見一次面，只會更多不會更少。身爲跆拳道黑帶高手，他的心地很好、能力很強。他擅於經營人脈，相對於我總是專注在工作表現和績效上，大衛讓我看到職場上的人際關係甚至比工作表現更重要，光有卓越的技術不足以在專業領域有所成長。

任職於新聞集團時，先前在純商的一位客戶聯絡我。他們從安地卡島（Antigua）和巴布達島（Barbuda）經營一個獲利很高的線上賭場。他們想要見見我，於是安排我到安地卡島總部和創辦人及其他主管見了一面。高高瘦瘦、一頭白髮的董事長自我介紹說他叫奧圖（Otto）。他們給我技術總監的職位，待遇是七十五萬元。對我來講，這不只是加薪，而是躍進了一大步，待遇遠遠超乎我在澳洲的期望。條件是我必須爲他們打造一套支付閘道系統。

我很樂意接下這個職位，只不過我面臨一個道德難題。這是要爲賭場工作，我不確定自己能不能接受。在參觀他們的辦公室時，由於剛好看到他們的客服在回一位美國賭客的電郵，我的難題就這樣迎刃而解了。那位美國賭客懇求收回他轉帳的款項，因爲他犯了一個天大的錯誤，他用四張信用卡賭掉六萬美元。在電郵中，他寫說他會失去他的房子。我問客服能不能爲這個人想想辦法，客服不以爲意地說：「別擔心，我每天都收到一堆這種來信。」那位賭客的請求就這樣被打發掉了。

我不必再考慮。我告訴他們我要回雪梨，把那裡的事情收拾善後，並同意在四星期後加入他們，但我其實無意回到安地卡島。直到現在，我都不知道自己爲什麼沒跟他們老實說。但那裡的氣氛怪得很，我有一種窒息的感覺，只想盡快離開。賭客賠掉終生積蓄，搞不好連家都沒了，我可不想成爲助紂爲虐的一份子。

我從雪梨和執行長談了，我告訴他，我的良知不允許我爲賭場服務。就在此時，新聞集團大手筆爲我加薪兩萬五千元，他們還以爲公司要失去我了。

＊＊＊

一天晚上，大衛和我共進晚餐時說：「我覺得你注定要當大人物，阿密特。新聞集團對你是大材小用了。」

「你這麼認爲嗎？」

「是啊，你應該主掌一整個組織，而不只是帶領專案而已。」

這就是大衛的作風，無論是多麼重大的消息，他總是說得很隨興。你無從得知他是隨口說說，還是事前經過深思熟慮。

「你有什麼想法嗎？」

「你該見見葛雷格。」他說。

「葛雷格是誰？」

「他爲大企業做技術藍圖，正需要像你這樣的人才。」他只說了這麼一句話。

兩天之後，他介紹我認識葛雷格·安平頓（Gregory Uppington）博士。身爲企業整合博士和資訊科技老手，葛雷格有著過人的謙虛。我們從第一次握手開始就一拍即合，後來也成爲非常要好的朋友。他專精大規模的系統整合，並在一家叫做「企廣網」（Industry Wide Networks）的新創公司擔任資訊長。他提到他們實在是做得很辛苦，亟需一位優秀的技術長，葛雷格要我接下這個職位。

我和執行長丹尼爾・希爾森（Daniel Hilson）見面，大家都叫他阿丹。我很欣賞他的產品和願景，他們用前衛的技術做領先時代的資料整合產品。歷經阿丹及其團隊一連串的面試之後，公司的董事會又跟我談了長達三小時，從頭到尾只給我一杯水，最後終於同意我期望的二十五萬待遇。

新聞集團的主管群可不樂意見到我辭職，他們試圖以更優渥的酬勞慰留我，並提出我在新聞集團還有很多選擇。但他們不能給我的，是企廣網的產品莫大的潛力和挑戰。除了他們正在製作的產品之外，我也很受阿丹的想法和經營策略吸引。眼前有個三十出頭、年輕有爲的執行長，照他自己的遊戲規則創業，我想我能從他身上學到更多東西。

在企廣網的前三天，我研究了他們的系統說明書，檢查他們的軟體架構和系統設計，瀏覽他們的程式，並找出漏洞在哪裡。我不安地發現公司的想法很好，但產品不如他們所說的那麼複雜或龐雜。這件產品不可能一天占去我八到十小時，每天一小時就夠我完成工作了。我自認拿那麼高的薪水不合理。

我跟阿丹分享我的心得，並且告訴他：「我認爲你不需要我全職做這份工作，阿丹。」

「什麼意思？」

「這個嘛……我每天只需要花一小時指導團隊和主持產品的開發，剩下的七小時我沒事做。」

他似乎被我的坦白勾起好奇心。聽完我的話，他微微搖頭，或許是以爲我想辭職了吧。時間就在這片尷尬的沉默中過去。

最後，他問道：「那你有什麼建議嗎？」

「我可以幫你成立一個資訊科技顧問部。讓我爲公司帶來收益，以支付我自己的薪水。」

他讚賞地點點頭。這場談話幾天過後，他安排我和全世界最大的購物中心管理公司西田集團（Westfield）開會。時機很完美，他們正在進行一個高達數百萬元的電子商務專案，但在物流配送和整合方面做得很辛苦。他們給我們一份七位數的合約，條件是我要全

萬元的敞篷車呢？神恩啊神恩。

這筆錢，我想花在母親身上。我對別人的愛都不及我對她的愛，我做什麼都無以回報她爲我付出的一切。當我受到氣喘的折磨，她付出無數個不眠的夜照顧我。無論如何，她總是站在我這邊。她沒有義務支持我對修行、占星、西洋棋、閱讀或其他事情的興趣，但她就是支持我。我要她在雪梨度過一段最美好的時光。

我把我的公寓升級了一下，不只買了新的家具、寢具和衛浴用品，也把冰箱和廚房裝滿各式各樣的食物，並爲她新買了一批亮晶晶的鍋碗瓢盆。最後，我開著我的新車去機場接他們。

一見到母親，我就摸摸她的腳，緊緊抱住她，親吻她的臉頰。我也和拉揚相擁，見到他們，我很激動。

「你變瘦了。」她說：「你一定是只顧工作，不顧健康。」

「妳怎麼已經開始擔心起來了！」我驚呼道。

「既然我要在這裡待三個月，我要把你養得胖胖的。」

「媽，告訴我，妳喜歡我的新車嗎？」我按下一個按鈕，車頂頓時收進後車廂。「我為妳買的。」

「願神賜你更多福氣。」她說：「也願你永遠……」

「那我呢？阿密特，我覺得我比我們老媽更能善用這輛車欸。」拉揚開玩笑地插嘴道。

媽在車上相對安靜，拉揚則是興奮不已、說個不停。我談到澳洲的社會經濟體系、乾淨的大馬路、我的學業、公司等等，想到什麼說什麼。而我每說一件事，拉揚就有十個問題。

那天晚上，我問母親在想什麼。她說：「我知道之前在電話中，你就跟我說過你在這裡有多成功，但在親眼看到這一切之後，我都不知道該怎麼感謝神了。我覺得好滿足。」

我的反應是跪下來以頭頂碰觸她的腳。「媽，這一切都是因為有妳給我的祝福。」

她感動得眼眶含淚。

＊＊＊

母親在澳洲待得很愉快，她和我共度了寶貴的三個月。那是我人生中最難忘的一段時光，因爲有生以來第一次，我在自己家招待母親，也因爲我沐浴在唯有媽媽能給的愛、關懷與幸福之中。每天她都爲我準備豐盛的早餐，下班回到家又有一桌好菜等著我。早上開車去上班時，她會給我一袋現剝的杏仁，讓我在路上邊開車邊吃。走出家門時，她會跟出來向我道再見。打從來到澳洲，這還是第一次有人費心送我出門，到了我回家時又在家爲我等門。過去兩年來，我幾乎忘了自己不是機器，而是一個有血有肉的人。她小小的關愛舉動讓我重新覺得自己像個人。

那段日子裡，我工作的時數很長。有些時候，我回到家只是睡覺而已，但母親從無怨言。我無法如願帶她到處參觀雪梨，因爲我的時間總是很緊迫，但她從不會讓我覺得過意不去。「只要看到你快樂，我就快樂了。」她說。

有一天，和她坐下來聊我在澳洲的生活時，我說：「媽，妳聽了別誤會，我很喜歡這裡，這個國家給了我很多，但坦白告訴妳，我的心不在這裡。」

「爲什麼呢？阿密特，怎麼回事？」

我敞開心扉跟她聊，告訴她我有多懷念長時間修行的時光，我希望我的修行能夠更上一層樓，但我純粹就是沒有時間。我明白教育在人生當中扮演的角色，也不否認金錢的重要，但教育和金錢絕不是我人生的全部。一直以來，我的目標始終都是「神」。

「我希望有朝一日能過更純粹的精神生活。」我說。

「只要你快樂就好。」她柔聲說道：「我只知道你一定會三思而後行。」

對於我的心聲，她的態度就是接納，我並不意外，她也沒慫恿我去追求更多的金錢或更高的地位。她總是那麼支持我、了解我，就彷彿她知道我內心最深處的感受。

談話間，拉揚走進房間說：「你們兩個的談話老是嚴肅得嚇到我！」我對他咧嘴一笑。他又說：「媽，爲何阿密特說什麼妳都順著他？」

媽只是微微一笑，但拉揚說得對，除了在一些瑣事上一時的意見不合，我們母子之間不曾有過任何衝突。可能是因爲她向來不反對我的想法，也可能是因爲她對我了解得很透徹，抑或兩者皆有。

拉揚打斷了我的思緒，他開始模仿起那天碰到的兩個澳洲人，我被逗得哈哈大笑，因爲澳洲人才不會那樣講話，但被拉揚一模仿，每個字都充滿了喜感。

一晃眼，媽媽該回印度的時間就到了。拉揚留了下來，因爲有一家公司爲他擔保，他現在也有工作簽證了。媽媽離開之後，我覺得很過意不去，因爲這三個月裡，我難得擠出時間陪她。她來這裡不是爲了看我的車和公寓，也不是爲了看雪梨的建築和觀光景點，她是來看我的。

＊＊＊

十二月，我提前六個月完成學士學位。三年的學位課程濃縮成兩年，因爲我最終用十八個月修完了免修學分，並用暑假和寒假額外多修了一些課。

現在，有了基本的學歷，又有了穩定的收入，我的人生終於安定下來。打從來到澳洲，我就不曾有時間專注在自己的內在生活，我的修行沒有加強或改進。現在，周遭的一切都塵埃落定，被外在追求暫時蒙蔽但一直存在我心的空洞又浮出檯面了。

對我來講，出家的目標很明確，我很清楚自己要走的方向，但時候還未到。我必須確定自己之所以選擇踏上求道之路，不是爲了逃避世俗的物質挑戰。達到物質成就的巔峰，接著再捨棄這一切，才是更眞實的棄世境界。如果我一開始就沒什麼可失去的，那我是要棄什麼世？我想確定自己追求精神生活的心意乾淨又純粹。

但我在想，爲別人工作就是我的前途嗎？身爲員工，無論我創造多少獲利，我還是要一直工作到退休爲止。而我如果繼續這樣工作下去，要到何年何月才有時間探索我的靈魂？現在，開敞篷跑車去上班已經不像剛開始兩個月那麼誘人了。我的薪水支票之前還讓我興奮不已，現在也感覺像是一張普通的紙而已。我開始覺得這些例行公事很無趣，並意識到自己需要有所改變。我也意識到，我爲企廣網所做的事大可爲自己去做。如此想來，趁現在自己創業，應該會是既有趣又值回票價的一場冒險。

在我爲公司賺進超過兩百萬元的營收之後，企廣網給我兩萬元的聖誕紅利。我回到家，把支票亮給拉揚看。

「哇！我們慶祝一下吧！」他說。

「一定要的，但先等我寄一封很重要的 email 再說。」

我打好信、寄給阿丹，接著就關掉我的手機。

「好啦，我們去看電影、吃大餐吧，我今天眞的很想慶祝一下。」

在餐廳裡，我盯著菜單發呆，忍不住一直偷笑。

「怎麼回事？你笑什麼？」

「哥，你知道，人生就像菜單。我們得做選擇，不能什麼都吃。即使我們付得起，即使我們什麼都想吃，我們純粹就是不能有什麼吃什麼。我們必須選出合自己心意的，而不是菜單上有什麼就點什麼。今天，我也做了一個選擇。」

「你在說什麼鬼話，我聽了很緊張欸。你做了什麼？到底是什麼選擇？用白話文告訴我。」

「我辭職了。」

「兩位先生，要先點飲料來喝嗎？」服務生插嘴道。

「麻煩稍等一下。」拉揚把他打發走，然後一臉震驚地望著我。

「你什麼？你辭職了？我還以為你拿到的是聖誕分紅，而不是遣散費。」

看他一臉緊張，我忍不住想笑。「那是員工分紅沒錯，但我回到家就寄了辭職信。」

「但為什麼呢？」

「因為今天開車回家途中，我突然恍然大悟。」

「你恍然大悟了什麼？拜託一口氣跟我說清楚。你葫蘆裡賣什麼藥？」

「我們何不先點餐？」

「不要，除非你說清楚為什麼辭職，否則我們就不點餐。你恍然大悟了什麼東西？」

「這個嘛……截至目前為止，一看到菜單上有哪道菜，我就點來吃。我的邏輯是達成尚未達成的目標，這樣我就高興了。沒工作的時候，我想當上工程師。當上工程師了，我又以軟體架構師為目標。接下來，我當上技術組長、技術經理、技術總監，最後坐上技術長的大位。我想，截至目前為止，這種策略都很令我滿意，但我如果一直這樣下去就太蠢了。我快樂嗎？這是我想做的嗎？不，我的好哥哥，這不是我要的，這不是我生來要做的。

「在今天的董事會議上，有一位董事都六十五歲了，還在擔心拿到違規停車罰單。他強撐著病體來開會，在會議上邊算那些巨額款項邊咳嗽。我們爲什麼要賺錢？又爲什麼要學習？何謂成長？何謂進步？」

「兩位先生要點餐了嗎？」

「一份沙拉，一份普切塔（bruschetta），一杯可樂，一杯氣泡水配檸檬片。」我說：「主菜要兩份蔬食筆管麵，其中一份要加博康奇尼乳酪（bocconcini cheese）。麻煩了。」

「你還要點別的嗎？」我問拉揚，他搖搖頭。

「我不想像那位老董事一樣。」我繼續說：「狗永遠不會變成主子。我再也不想受僱於人了。我想自己當老闆，我想當船長開自己的船。」

「但你要做什麼呢？」

「創業囉。」

「資本呢？你要有辦公室，還要有工作團隊。這一切要怎麼實現？」

「目前我還沒有答案，但我已經決定只要再工作十年。無論如何，我都要在三十歲退休。要實現這個目標，唯一的辦法就是創業。」

「萬一創業失敗呢？我們沒有做生意的背景。」

「無所謂。我已經想好了，什麼也阻止不了我。」

「但萬一神對你有別的計畫呢？我這輩子還沒見過三十歲就退休的人。」

我大笑道：「神或許有祂的菜單，但我才是點餐的顧客，要吃什麼由我決定。」

「那你退休之後要幹嘛？」

「我打算見見造物主，我很樂意會一會菜單的設計者。」

「這話又是什麼意思？」

「就是字面上的意思，我想去見神。」

「什麼神？你到底在說什麼？別再折磨我了，阿密特。拜託你就有話直說吧。」

「我想獻身追求真理。」

「獻出你整個人生？」

「不惜一切。」

「萬一你明天就改變主意了呢？」

「我當然會改變主意。人的想法總是在變，這是動物的天性。然而，不變的是我的決心。我特此鄭重宣告，我會在三十歲退休，正好就是從現在算起的十年後。」

「那又爲什麼非得是三十歲不可？」

「我知道到了那時，我已經賺飽我需要的錢，做足邁向下一個階段的準備了。再者，如果十年還不能把生意做起來，那就代表我不是這塊料。要把一件事做成功，十年夠久了。」

拉揚無話可說地愣在那裡，我用手肘蹭蹭他，一面催他吃飯，一面安慰他還有十年，而且我永遠都會在他身邊。餐點送上來了。這麼久以來第一次，我不急著趕時間。柔軟但酥脆的麵包，筆管麵裡新鮮多汁的莫札瑞拉起司球，新鮮蔬菜的口感，黑胡椒的刺激，蒔蘿的風味——我全部品嘗了一遍。它們一個接一個喚醒味覺，在我的舌頭上融合出美妙的滋味。每一口我都細細品味，我不只是把飯吃下去而已，我不是用狼吞虎嚥的方式大吃特吃，我在品味。

一小口又一小口，我細細品嘗著氣泡水，這些氣泡讓我想起人心湧動的慾望。氣泡不斷湧上來，直到整杯水歸於平淡為止，但這不代表我要急著喝。野心和慾望的氣泡，處境與條件的氣泡，思緒與情緒的氣泡。氣泡還會不斷冒出來，但我仍能選擇按照自己的步調，一口一口啜飲。這些氣泡很好，這些氣泡甚至是不可或缺的。好好享用，無須厭煩，因為在一開始，就是這些氣泡把平淡無奇的水變成氣泡水。

6 保時捷和更多的物質享受

是時候成立我自己的資訊科技顧問公司了。我租不起辦公室，也養不起一個團隊，於是我就以自己的公寓爲據點，憑著少之又少的資金起步。我一心要把它做大，但不管我怎麼東奔西走，從既有的客戶那裡都談不到合約，我的計畫因此停擺。這是因爲網路泡沫剛破滅，金融市場一片蕭條，消費者信心弱，企業投資前所未有創下新低。

雪上加霜的是，我發覺自己對創業或開公司沒有概念，我誤以爲有科技方面的長才就夠了。嗯哼，光這樣是不夠的。爲了彌補我的不足、學習正規的經營之道，我註冊了雪梨科技大學（University of Technology Sydney）的工商管理碩士學位課程。

四個月後，我看到日蝕集團（Eclipse Group）有一個約聘機會。日蝕集團是一家網頁設計公司，也是德勤太平洋企業管理諮詢公司（Deloitte Consulting）旗下的完全控股子公司❶，而德勤是全世界前五大管理顧問公司之一。他們安排我和執行長麥克．基恩（Michael Kean）見面，面談過程中，我得知日蝕集團想靠軟體帶來比網頁設計更多的獲利，這是因爲做軟體更有利可圖。當然，軟體是我專長的領域，我不認爲這是一個巧合。他們跟我簽了日薪一千元的合約，聘我發展及帶領軟體開發計畫。

我陪同麥克去了大部分的決策會議和簡報。顧客說他們之所以喜歡我，是因爲我勇於說出自己的想法，不像一般的顧問純粹只是附和客戶已經做好的決定。我的角色發揮作用，穩住更多來自通用汽車和酪農合作社的生意。兩者都是資產高達數十億的企業，前者的規模又大得多。評估這兩家的科技藍圖時，我跟兩家企業的資訊長都說，他們買一套專門的內容管理系統軟體只是在浪費錢而已。

❶完全控股子公司（fully-owned subsidiary）指股份百分之百由母公司持有的子公司。

幾個月後，麥克邀我到墨爾本的皇冠假日酒店喝咖啡。他很快就切入重點，說要我考慮擔負更重要的角色，成爲德勤的正職人員。他接著又說自己快退休了，想找接班人主掌日蝕集團。他擺明了是在暗示我加入德勤前途看好，但我不想受僱於人。我始終保持沉默，直到他問我：「你知道我們最大的挑戰是什麼嗎？」

我反問：「就客戶而言嗎？」

他說：「不是，就你而言。」

我笑了笑。

「你瞧，我們最大的挑戰就是爲你找到挑戰。」

我很佩服他看穿我的心思。的確，每當一件事不再有挑戰性，我就會拍拍屁股走人。

「那你知道你最大的挑戰是什麼嗎？」

「保持動力？」

「或許吧，但你眞正的挑戰在於做對選擇。顯然，人生會把很多選擇擺在你面前，而你的未來端賴你的選擇。」

他充滿智慧的深刻語句一直留在我心裡。

值此之際，我開的顧問公司也有所成長。我僱用了一組團隊，並投入每一分獲利開發企業搜尋引擎。這種搜尋引擎就類似 Google，只不過僅供公司內部之用。

接下來兩年，我拿到我在澳洲的永久居留權、完成工商管理碩士的學業、在印度成立一間軟體開發中心，並飛到紐約開了一間分公司。然而，紐約分部的營運不如預期，雪梨這裡又需要我投入心力，於是我調整自己的企圖心，把重心放在澳洲。

澳洲業務的獲利滾滾而來，而我一心想把錢投資在產品開發以外的領域。一年後，時間來到二〇〇三年，我決定在矽谷成立辦公室。我必須爭取到廠商的投資，才能將我的產品推向更大的市場，我也需要有人管理我在澳洲的總公司。

我在一位客戶那裡見到安迪，我們成爲常一起下西洋棋的朋友。我請他來爲我工作，他自己也想開公司，所以我們達成協議，在安迪爲我管理公司的同時，他也可以做他自己的產品。他的產品跟我們公司推出的產品無關，如此一來才不會有利益衝突。畢竟，德勤以前就是這樣支持我的。

我暫時移居加州，把澳洲那邊的營運權交到安迪手裡。在一間飯店式公寓住了幾星期後，我搬去與遠房表親阿希瓦尼．福爾瑪（Ashwani Verma）和他太太莫尼卡（Monika）同住。他們不只對我敞開家門，也對我敞開心扉。他們是很大的精神支柱，幫助我轉移注意力，從滿腦子的工作岔出去。

我在加州努力了幾個月，向各式各樣的創投業者推銷我的公司。然而，回到澳洲後，公司在我不在的期間並沒有敲定任何一筆大交易。在印度和加州的開銷有增無減，我意外發現自己面臨很嚴重的現金短缺。最後，矽谷的一級創投公司德豐傑（DFJ）表現出投資我們的興趣。向德豐傑的全體合夥人做過簡報之後，我很確定七百萬元的資金即將到位。

做完簡報兩天過後，我的電話響了，是我在德豐傑的聯絡人喬許．史丹（Josh Stein）打來的。我頓時緊張得口乾舌燥，我知道他要跟我談投資條件書，神爲我帶來資金了。喬許談了幾分鐘，但我什麼都聽不進去，我只想聽好消息。最後，我終於聽到重點：「很不幸地，這次其他合夥人不是很感興趣，但我認爲你的產品很棒，你應該繼續去找其他的投資者。」他又說了一些什麼，但我不記得了。

我深受打擊，我沒招了。我打給凱斯尋求安慰，坐四望五的凱斯・泰勒（Keith Taylor）是我的好友，也是矽谷一家新創公司的財務長。抵達美國不久後，我透過線上合作參考諮詢服務系統認識他。他在融資財務模型和創投提案上幫了我的忙。很快地，我們就變成每週日早晨相約吃三明治配咖啡的朋友。他叫我別擔心，說我很快就會有辦法的。但我一片茫然，毫無頭緒。

我和阿希瓦尼聊，他建議我放個假。過去七個月來，我橫跨三個時區日日夜夜都在工作。我也打電話給阿榮，他在兩年前從雪梨搬到多倫多。他邀我去他那裡待幾天，我就這樣登上了下一班飛往多倫多的班機。

換個環境對我來說很好，我們週五晚上和週六一整天都外出。星期六晚上，我查看了一下電郵信箱，結果看到一封來自安迪的辭職信，他說從星期一開始就不會來上班了。星期一？他應該要提前一個月通知我的。我打給安迪，但直接被轉到語音信箱了。我留了話，但他並未回電，他怎麼能無視提前通知的規定呢？

我突然想到，這就跟我一九九八年離開澳洲貿易科技公司時的作法一模一樣，報應來了。我旋即又想到我的客戶和員工，我要怎麼支援他們？我必須立刻趕回雪梨。由於沒有直飛的航班，我轉機四次才抵達雪梨。

這時是二〇〇四年十月，我已有七個月不在總公司。一回到雪梨，我就發現情況比我想的惡劣許多。安迪的辭職是最後一擊，公司在我不在期間已經發生了很多事。安迪自己開的公司為我的客戶提供相同的服務，和我的公司直接產生利益衝突。我的公司破產的謠言傳來傳去，主要的客戶以為再也不能從我們這裡得到技術支援，紛紛恐慌得棄我們而去。有幾位客戶直接和安迪的公司簽約，潛在客戶則對我的公司避之唯恐不及。

這場風暴就趁我在美國集資時悄悄醞釀。我一心專注在集資上，渾然不知公司出了什麼事。我約客戶見面，設法挽回頹勢，但我很難重新贏回客戶的心。在網路時代，七個月找不到人就相當於失蹤七十年，客戶已經對我失去信心了。

一家名叫貝加起司（Bega Cheese）的乳品公司對我情義相挺，請我繼續為他們工作。他們只是一個小客戶，但我很高興有一筆有效的客戶名單。我也知道遲早我會簽下新的案子，但我需要立刻有錢維持印度辦公室的運作。我的技術團隊在那裡，公司沒有他們不行。所以，我決定賣掉所有資產，包括我的房子在內。

我一直在尋求改變，任何改變都行。我心想這次危機就是採取行動的好時機，加拿大是我的下一個目標，我想在一個更大的經濟體中創業。到了這時，拉揚已經和波佳結婚一年了。波佳是個很棒的人，我都叫她波嫂，也就是波佳嫂嫂（Pooja Bhabhi）的簡稱。波嫂就像媽媽一樣無微不至地照顧我，拉揚和波嫂兩個人就是我的主心骨，我們三人在澳洲相依爲命。當我告訴他們我要搬去加拿大時，他們說會跟我一起去。

「你們不必爲了我移居。」我推辭道：「你們在這裡的一切都很順利。」

「不，阿密特，你住哪裡，我們就住哪裡。我們三個人要生活在一起。」波嫂溫暖地說。

「別擔心我，我很好，眞的。我甚至不保證會留在加拿大，我跑去美國的機率很高。」

「沒關係，就算你跑去美國，我們在加拿大也離你比較近。」

「但你們爲什麼要辭掉工作，做這麼大的改變？」

「你知道嗎？即使我很崇拜你，你依舊是我的弟弟。」拉揚說：「我就是有一股想保護你的衝動。我很關心你，我知道你一定能東山再起，而我想在你身邊支持你。我會負責所有的生活費。」

「你們兩人都很確定想跟我搬去加拿大嗎？」

「是的。」他們異口同聲地說：「你在哪裡，我們就在哪裡，其他都不重要。」

我發自內心笑了出來。「那好吧，孩子們，繫好你們的安全帶，我們要去加拿大坐雲霄飛車囉！」

接著，波嫂問我：「坦白跟我說，你的壓力很大吧？」

「妳想聽我說實話嗎？妳會相信我說的話嗎？」

「當然。」

「那妳聽好了，坦白說，我鬆了一大口氣。在飛回雪梨的班機上，我就卸下壓力了，我不在乎已經過去的事情。我很高興，因爲我又自由了，我又要重新創業了。我對開創的熱忱向來大過守成，我很清楚自己現在要做什麼。事實上，我已經在想明年我要買什麼車了。」

「真的假的！」一直以來，不管我說什麼或做什麼，波嫂總是很興奮，我哥則是難以置信地搖搖頭。

「快告訴我們，明年你要買什麼車？」

我把我的筆電轉過去對著他們。

「喔，天啊，保時捷！」波嫂興奮地拍手。

「沒錯，我已經在挑車款了。」

「我知道你一定做得到。」波嫂說。

「我們可不可以回到現實一下？阿密特，如果你不介意的話？」拉揚說：「我們才剛賣掉房子和所有能賣錢的東西，我們現在的處境很嚴峻，你不覺得我們該務實一點嗎？」

我又笑了出來。「等著瞧吧，哥哥，等著看我行動起來。我發誓在明年底之前，我就會擁有這輛銀灰色的寶貝。不是借來、租來或有人贊助，而是完全屬於我的。」

「我知道他辦得到！」波嫂歡呼。

「你們兩個眞是不可思議。」拉揚惱怒地咕噥。

「就這樣，我們可以明年再來回顧這個話題，到時候看你怎麼說。」我說。

「喔，獅子受了傷，但仍不忘狩獵。」拉揚說。

「保時捷，哥哥，保時捷。明年一輛保時捷，停在我們自己的房子裡。

「好了。我想爲自己立下的誓言慶祝一下，我想提前慶祝我們的車子和房子。換上妳那件黑色禮服吧，波嫂，我們來去吃全城最高級的義大利料理。」

＊　＊　＊

拉揚和波嫂先搬去加拿大，我必須至少再留六星期，把澳洲這裡的事情收拾善後。爲了更加善用這段時間，我開始找短期的約聘工作。六週的僱用期實在太短了，但我連一刻都不想浪費。我必須重新站起來，賺取自己的生活費。這又是另一個命運丟到我眼前的機會，我大可趁現在就棄世出家，事實上，我很想這麼做。然而，我心裡清楚知道，此時這麼做就成了逃避，而且是一種虛假的棄世，因爲我幾近身無分文，哪有什麼可拋棄的東西？此外，我也想從零開始，向自己證明當初第一次創業時並非僥倖，我想證明我確實有改寫命運的本事和決心。

幾天後，新南威爾斯警務處（New South Wales Police）給我資深工程師的職位，請我帶領一組負責開發警方調查系統的軟體架構團隊。約聘期爲三個月，履約展延期限一樣是三個月，這代表我必須留在澳洲六個月。

我很期待拿到澳洲公民身分，把額外的月份待滿也能滿足拿到身分的必備條件。我對澳洲懷有一份忠誠，因爲這個國家給了我所有精進自己的機會。我在這裡羽翼漸豐，也在這裡展翅高飛。澳洲給了我優質的教育，也提供正好適合我發展的社會環境和專業環境。

這也是我重建事業、簽下新客戶和重拾信心的好機會，我接下新南威爾斯警務處給我的職位。另一方面，我把我手頭的名片全部瀏覽一遍，打給每一個我認識的人，從中獲得價值數千元的機會。我又簽了一些其他的客戶。

短短七個月過後，我在二〇〇五年七月以百萬富翁的身分搬到加拿大。一星期後，一輛銀灰色的保時捷逸品 Carrera 4S，停進我們在加拿大的四房透天厝車庫裡。我啓動拓展生意的行銷計畫，在五星期內簽下七位新的客戶。現在有一家聯營公司負責照顧我在澳洲的客戶。我在印度打下了基礎，有穩定的客戶，並在美國簽下一些小客戶。金流來了，獲利看好，我又東山再起了。

現在，我可以好好休息一下了，開著保時捷兜兜風再好不過。我決定給自己放四星期的假，沿著東岸駕車遨遊。我關掉手機，一路馳騁，想在哪裡停留就在哪裡停留。從安大略省的高爾夫球度假村，到魁北克省的東部小鎮，從魁北克到波士頓再回來。我探索了許多地方，不過，這些還不是這趟旅程的亮點。在去紐約途中，我被開了超速罰單，暗自發誓接下來的旅程一定要循規蹈矩。我很快就違背了誓言，但卻擁有了這輩子最難得的經驗，創造了終生難忘的回憶。

事情發生在佛蒙特州的一條公路上。不，我沒出車禍，但我想我一時喪失理智，一腳踩下油門，飆到時速二八〇公里。我兩眼直盯前方路面，無暇去看糊成一片飛掠而過的風景。還記得放慢到合法速限之後，我想起愛因斯坦，時間眞的是相對的。即使我飆到時速二八〇公里的時間不超過三十秒，感覺卻像一輩子那麼長。緊張刺激的亢奮情緒中夾雜著深深的恐懼，只要分神個兩秒鐘，結果可能就是莫大的災難。但我讓那份刺激的預期心理凌駕我的理智，至今我仍記得當下那股非踩油門不可的衝動。

有趣的是，在那非法的極速快感中，我卻得到一種永恆而合理的體驗——我體驗到非比尋常的寂靜和不同凡響的覺知。這就是爲什麼每一秒鐘在我感覺都那麼長，短短的三十秒，天地之間靜默無聲。我開得愈快，周遭愈是安靜。

兩星期後，我打開手機向我哥報平安，結果發現我有好幾通語音留言，其中一通留言是關於我姊姊的。她因爲抽搐和痙攣住院了，她一直在找我。我感覺糟透了，這下好啦，我關掉手機跑出來玩，不想受人打擾，結果只發現姊姊很需要我，卻怎麼也聯絡不上我。

我先和媽媽談過，接著再打給迪迪，她還沒出院。磁振造影檢查（MRI）顯示她長了一顆腦瘤。我匆匆結束假期，擱下所有事情，搭上下一班飛往印度的航班。飛機在新德里一落地，我就直奔帕提亞拉的醫院。

她緊緊抱著我哭了起來。「我好想你，每分每秒都想。我等不及要聽你的聲音了，只要再聽一次就好。」

「對不起，迪迪，這幾天我把手機關掉了。」

「我不會有事吧？」

「何止不會有事，我保證妳會比之前還要好。」

「我很擔心達許，他才八歲，他需要我。」

說著她又啜泣起來。

「迪迪，妳爲什麼講這種話？我向妳保證，一切都會好好的。妳不會有事，我來這裡是爲了什麼？」

我親親她的頭頂，親親她的額頭，再親親她的臉頰。我緊緊抱住她，直到她平靜下來。我向她保證，到她完全康復之前，我都不會離開印度。

她先生蘇威和我帶她去德里，神經外科主任建議立刻開刀。「喪命的機率有一成，失憶的機率有兩成，有百分之十三的機率失明。」這位外科醫生說：「你要在這裡簽名，以示你明白風險，並同意動手術。」

醫生的表情很堅定，但沒有把握也沒有感情，我姊夫的眼裡滿是驚恐和焦慮。人生中第一次，我有種整個胃猛然一沉的感受。以前我也嘗過無助的滋味，但這次不一樣。萬一手術出了差錯，那就沒有回頭路了。迪迪休想康復，整件事也休想重頭來過。我控制不了局面，也沒有專業的醫療見解。但我有一種東西，這東西給我勇氣，讓我把手按在蘇威的肩膀上，在他簽字時安撫他的情緒。這東西叫做信心，我有信心，我知道她的時候未到。

還記得她在進手術室前與我相擁，我心裡頓時軟弱下來。只見她靜靜地向我揮手，一顆淚珠從她眼角滾下。後來，在加護病房，她頂著大光頭，蒼白的圓臉襯著大大的眼睛，看起來就像美麗的比丘尼。我怎麼也忘不了，她在回到普通病房後，看到滿室鮮花是如何笑得像個孩子。但我最深刻的記憶，是她健健康康、快快樂樂地回到家裡，滿屋子都是她的笑聲，她的生活樂趣絲毫未損。

三個月後，我回到加拿大，重啓公司營運，簽下許多新客戶。在那之後，我再度轉移陣地到矽谷，重新經營舊有人脈、穩住新客源，還有最重要的一件事，就是爲我的新公司物色投資人。公餘之暇，我開車在矽谷到處逛，在那個時節到矽谷正好。我有幸認識一些很棒的人，也和一些傑出人士有許多精彩對談。凱斯和我保持星期天見面的習慣。

一天，我偶然收到一封阿圖．夏爾瑪（Atul Sharma）的來信。從我在紐約的時期，我就聽過業界有這號人物。當時他是雷曼兄弟控股公司的副總裁，此時他則是倫敦巴克萊銀行的高級主管。阿圖在來信中寫到他接下來的計畫，這個大規模的金控計畫需要有領先的網頁技術。他的首要待辦事項就是創新工程：他想推出一套促進內外部利害關係人溝通的軟體。我們給他一份我的搜尋產品的線上樣品，他立刻就看出產品的潛力。這件產品能將資料倉儲和商業智慧帶到全新的境界。

阿圖請我到倫敦成立辦事處。他是一個思維敏銳又衝勁十足的人，像他這樣的客戶對我這種創業家來說至關重要。人在倫敦也意味著我可以一探歐洲市場，因爲我在丹麥、挪威和荷蘭已有一些小客戶。二〇〇六年十二月，我搬到倫敦。巴克萊成爲我的大客戶，但我們的合作關係很短命，這是巴克萊突然的人事異動，再加上金融市場的危機所致。此時是二〇〇七年六月。

現在，我終於停下腳步，好好審視自己一番。我還是有必要挖掘我存在的眞相，我與神相遇的願望還是有待實現。目前我所活出的人生很好，甚至很眞實，但這不是唯一的眞相，也絕非我所渴求的永恆眞理。是時候搬回印度了，是時候去找找我的神在哪裡了。

我把保時捷賣掉，並將收益捐給我在澳洲認識的一些奎師那信徒。我享用過這輛保時捷，就像我享用過其他我所擁有的東西了。我已充分利用我的財富，也已盡情享受過奢華的生活方式。我在紐約的W飯店和杜拜的皇室幻影飯店住得很愉快，也很高興自己喝過倫敦麗思卡爾頓飯店（Ritz Carlton）的下午茶、嘗過舊金山的素食餐、威尼斯的義大利麵，以及巴黎的甜點。

搭商務艙旅行，參觀瑞士令人歎爲觀止的景點，在加州的溫泉度假村、澳洲的海邊和紐西蘭的山上放鬆心情、恢復元氣，這些都是人生樂事。我喜歡家裡有廚子，有打掃阿姨，有專人洗熨我的名牌服飾。我穿超級精緻的棉質襯衫，配上量身定制的西服。我戴石墨烯材質、藍寶石水晶玻璃鏡面的手錶，搭配出整套昂貴高雅的裝束。我的衣櫥裡有凡賽斯、亞曼尼、Prada、寶格麗、泰格豪雅、浪琴、萬寶龍等名牌最新款的商品。

然而，財富向來不是我主要的重心。事無大小，目標一旦達成，這件事就只是一段經歷。再接下來，這段經歷就只是回憶而已了。在我的旅途上，奢華的生活方式只是一塊墊腳石，我很清楚物質的成功不代表我這個人。就任何一方面而言，財富都不是我這個人的定義。而我現在已經準備好，可以放棄這一切了。

然而，宇宙似乎還沒準備好。從倫敦搬回印度之前，我先到加拿大度了個小假。在那裡，我認識了一個名叫維瓦克．休姆（Vivek Dhume）的人，他是拉揚的舊識，我立刻就很喜歡他。

我們第一次見面後，他就說：「我的夢想是在印度做點事。」

我說：「嗯，我要回印度定居。」

「你要在那裡做生意嗎？」

「不盡然。我只想休息一下，或許會做些股票買賣吧，免得我太閒。」

「這樣啊，如果我們一起爲印度做點事，那不是很好嗎？」他說。

「是啦，但我有別的目標。」

「你願意跟我分享嗎？」

「我們明天邊吃邊聊，如何？」

第二天，我們在一家叫做禪園的餐館見面，那裡的環境很安靜，他們供應的素菜也非常棒。

「你瞧，維瓦克，我的經濟無虞，沒有必須靠工作養活自己的壓力。就物質享受而言，我已看遍我想看的東西，對這方面不再有任何慾望了。現在，我想獻身於自我探索和尋道開悟，我要棄世去當一個苦行僧。」

維瓦克本來在吃東西，這時他停了下來。我們是整間餐廳唯二的顧客，餐廳裡頓時一片靜默。

「你說的棄世就是棄絕塵世，出家為僧的那種棄世？」

「是的。」

長長的一陣停頓過後，他問：「那你什麼時候要出家？」

我很高興他沒問我為什麼要出家，這個問題沒有答案。

「我沒辦法透露確切的日期，但我可以告訴你，原則上是在接下來三年內。」

「你是說，你眞的要放下一切，穿上僧袍？」

「是的。」

「但接下來的三年呢？你要做什麼？」

「我要回印度陪爸媽。」

「所以，你完全不打算工作？」

「我就快滿二十八歲了，直到三十歲前，我對工作都抱持開放的心態。事實上，我有爲數可觀的存款，我不介意投資新創企業，因爲我反正都要放棄這筆錢，用它來爲別人創造工作機會總好過放著不花。」

「但你一開始爲什麼要賺錢？如果你知道自己有朝一日反正都要棄它而去？」

「我從未把重心放在賺錢，維瓦克，我純粹只是做我的工作，拓展事業，享受這個過程。錢財非我心之所向，它只是一些明智的抉擇下得到的結果。現在，我願遁世離群、刻苦修行。」

「以後你就不還俗了嗎？」

「會的，只是我不知道什麼時候，要看我花多久悟道。」

「還俗之後，你不需要一個住的地方嗎？」

「是的，我需要。」

「一旦還俗，你就會有日常開銷，對吧？」

「沒錯。」

「所以，我們何不在印度闖一番事業？我們可以平均分攤資金。你可以照你的計畫出家，但等你還俗之後，就讓公司按月給你生活津貼。」他提議道：「我們在山上幫你弄個小地方。」

這主意聽起來不錯。如此一來，我就能一直保持經濟獨立。我問他：「誰來管理公司？我可以創辦公司、讓公司獲利，但我不會留在那裡管理它。」

「我來管理。」

「你是說，你要搬去印度？」

「是的。」

「帶著你的家眷一起？」

「是的。」

「你確定嗎？」

「確定。」

我若有所思地吃著豆腐，維瓦克看著我吃。我們倆雙雙沉默了一會兒。

我說：「維瓦克，你是眞的很清楚我會離開，唯有在我達成目標之後才會回來？」

「我對你有信心。」

「只要我們談清楚就好。」我說：「公司一獲利，我就會離開。」

「沒問題。」

「我的財富就拋棄給你，當作小小的禮物。」

他驚訝得說不出話來。終於回過神來之後，他說：「爲什麼是給我？阿密特，爲什麼不是給你的家人？」

「我猜你有朝一日會明白。」

「不行，我不能拿你那麼多錢。」

「我心意已決，維瓦克。」

「無論如何，我們之後再看看。」

「不，我是認眞的，我想正式棄世出家，我們必須現在就談妥。一旦我離開了，請不要期待我還是公司的一份子。」

他又陷入沉默。我知道這不是我的計畫，也不是維瓦克的計畫，這是宇宙的計畫。否則怎麼解釋兩個第一次見面的人不止共享資金，還要把雙方全部的積蓄都投下去？我們在吃前菜時開始談，到了點附餐甜點時，一切都已談定。

7 棄世

第二天，維瓦克和我見面詳談創業細節。我們已經決定要一起闖一番事業，但雙方其實都不知道要做什麼。他提議就做我的軟體事業，但我做軟體將近十年，已經做膩了。

我們所在的咖啡館高朋滿座，店裡還蠻吵的，於是我們決定出去走一走，找個安靜的地方。再過去旁邊幾家店就是一間果汁吧，店裡沒有客人。我們坐下來，點了兩杯蔬果昔。

維瓦克看看四周，突然說：「你知道，印度沒有像這樣的果汁吧。」

「有是有啦，但我想只有大都市才有。」

「但我沒看過連鎖的果汁吧。」

「印度有數不清的路邊攤在賣果汁。」

「是，但如果是高檔果汁吧，專門鎖定注重健康和衛生的顧客呢？」

「你知道嗎？這主意聽起來其實還不賴。」

我們腦力激盪了一小時，沒做任何更深入的市場研究，就決定要在印度開連鎖果汁吧。我不確定是我們看待金錢的隨性態度使然，還是我們對彼此的信心所致，總之我們就這樣把賭注壓在兩人都一無所知的生意上。我們達成共識，我會先回印度創辦這家連鎖企業、組織工作團隊，維瓦克兩年後再來加入我的行列。

＊＊＊

二〇〇七年九月，我搬回印度。我的雙親還是住在同一棟老房子裡，父親還是騎著他的老摩托車，家裡的電視、音響、家具……一切都看起來又舊又破。這些年來，我就算回過印度，也不曾注意到父母的生活情況。一股深深的罪惡感朝我襲來，即使有那麼多錢，我對自己的雙親卻毫無用處。

我不能彌補過去，但可以打造現在。我為他們買了新房子、新家具、新設備，以及所有我認為他們可能喜歡的東西。我也買了兩輛新車給他們，並僱用全天候的司機，我不想看他們繼續騎那台摩托車。

但隨著這一切而來的領悟是：物質無法彌補的東西，就是不能靠物質來彌補。父親是簡樸的人，他不在乎什麼新車子、新設備。他和母親都習慣既定的生活方式，畢竟他們一直以來都是這麼過的。我的安排來得有點太遲了，父親多數時候還是繼續騎他的老摩托車。

我向他問起這件事時，他只說：「你搬回印度了，我們還奢求什麼呢？」

媽媽一再表示她有多高興我回來了、她又可以把我餵得飽飽的了。看他們這麼快樂，我無法鼓起勇氣坦白，說這份喜悅只是曇花一現，說我在可見的未來就會離開他們。我只跟他們分享我的創業計畫，即使母親從不反對我、父親向來支持我，出家的事我還是不知如何啓齒。再者，開果汁吧也讓我忙得不可開交，找不到恰當的時機跟他們提這件事。

此時，我的軟體事業仍須履行加拿大、澳洲、荷蘭和美國客戶現存的有效合約。我想專心衝刺新事業，因爲這次牽涉到的不只有我的存款，還有維瓦克的資金。我想全力投入，把工作做得徹底一點。於是，我開始準備結束我在北美、澳洲和印度的軟體事業。基於客戶合約的特性，這是爲時十八個月的過程。

這段期間，維瓦克和我也收購一家阿育吠陀保健公司，與業界頂尖的醫師團隊合作，調配出七種獨一無二的健康飲品。開業十八個月，公司的損益就打平了。

維瓦克在二〇〇九年第三季帶著家人搬回印度。公司發展得很快，到了那年底，我們已經獲利了。事實上，除了現有的數筆訂單，我們也有更多價値數百萬的訂單在談。我委婉地提醒維瓦克我很快就會離開。

又過了兩個月後，我們在山上看了一塊地。維瓦克和我站在那裡，一致認爲等我苦修回來後，這裡是很好的落腳處。我告訴他，我唯一的要求就是十個小房間，圍繞著一個修行大廳，外加一間廚房和一棟小木屋，但他爲我勾勒了更大的願景。

「我們要在這裡打造漂亮的步道，步道兩旁栽種芬芳馥郁的藤花；也可以種樹，形成天然的隧道。我們可以在整塊地的外圍種樹防風，正中央則挖一個池塘。我會弄來一種特別的飼料，只要把飼料裝在盆子裡掛到樹上，就會引來各式各樣五彩斑爛的鳥兒。我們也會有特製的茅草屋頂修行小屋。如果有小鹿在這裡跑來跑去就太美妙了，這地方將是人間天堂。」

我們敲定了這筆土地交易。從山上回城裡的路途中，維瓦克和我討論公司每個月要支付給我的津貼。最後，我們談定的金額是一萬盧比。這只是零頭小錢而已，還不到我投資低利保本工具獲利的兩成，存定存領利息都比它強，但它夠我花用了。

我在二〇〇九年底去澳洲和加拿大一趟，見了我的親朋好友，母親當時正在加拿大拜訪拉揚。在捨棄物質世界之前，我想跟每個人都見一面，不知道他們何時還能再見到我。一天晚上，趁我和母親獨處時，我說：「媽，妳知道，我很快就會出發去苦修了？」她的臉色頓時刷白。

「你已經修很多了，你成天坐在那裡沉思冥想。你什麼都不缺，我的兒子，你爲什麼還是想走？」

「媽，妳說的對。可是，老天在上，要是妳或別的親人遭逢不幸，我的感受會比失去一個我不在乎或素昧平生的人痛苦得多。這代表我對塵世還是有所依戀，代表我還是心存偏見。我想對天下蒼生都有一樣的感覺，一樣的愛，一樣的痛苦，我不想要有差別心。或者換個說法，我想對世間萬物都有無條件的博愛。我需要離群索居一段時日，再者，我先前看到的神就像夢一樣。媽媽，我想要更具體、更實在的東西。」

「一如以往，我對你的主張無話可說。我有的就是對你的信心，我相信你會走對的路，無論那是什麼樣的一條路。」

我把頭靠在她的大腿上，我知道這是我沐浴在母愛中的最後一次機會，棄世去苦行之後就不可能了。在她對我的決定無與倫比的接納中，我也看到深深的痛苦。但我的決心沒有動搖，我做了自己必須要做的事，因爲唯有如此才能止我靈魂的渴。到頭來，或許夏爾瑪教授說的對：我這個人太理智，不知多愁善感爲何物。

我回到印度。我在加拿大時寫了心痛的訣別信給親朋好友，現在這些信就靜靜躺在我的信箱草稿匣裡。基本上，每封信都是說我很遺憾這樣離開，但我不得不這麼做。這是我長久以來的宿願，我這一生想要的莫過於此。

我找了律師，爲我對個人和公司資產的安排賦予法律效力。我將我的資產轉到維瓦克名下，交由他全權處理。律師建議我不要這麼做，但我告訴他，他的工作是執行我的意見，而不是給我意見。我可以把我的財富給親愛的家人，但我覺得這麼做就不是眞正的拋棄財產了。

二〇一〇年三月十五日，我在離家前給父親一個緊緊的擁抱。我在姊姊家吃早餐，當面跟她道別。到了公司，我度過一個普通的上班日；我把信列印出來，裝進信封裡封好；我整理了交接資料；我用戶頭裡仍有的資金，開了支票給一些人——我想把每一分錢都給出去，只靠每個月的津貼過活。有些投資還在鎖定期，所以我不能做清算的動作，但我已在兩個月前通知銀行我的決定，確定我沒有需要清償的債務。我的父母經濟穩定，因爲他倆都有年金可領；我的哥哥姊姊也過得很舒適；我的員工則有維瓦克照顧。

我和馬尼卡共進一頓美好的午餐。馬尼卡是我們公司的資深經理，也是我的好朋友。我告訴他，我想好好享受那一天，於是我們接著又跑去喝咖啡。維瓦克出差去見客戶了。

晚上，我打電話給我的司機桑迪普，他把車子開過來。

「去火車站。」我說。

桑迪普是極其可靠的人，而且他還挺捨不得我的，在過去的三十個月，我們有過許多歡聲笑語。他開車時，我們兩個都很沉默。我沒在想現在，也沒在想未來，我什麼也沒在想。我純粹只是靜下來，就像當初在飛往澳洲的航班上一樣，這些沒在思考但是頭腦清明的時刻是很珍貴的。

一會兒過後，我讓想法進來。我想著自己即將離開的人，以及我已經拋諸腦後的人。我這輩子也算談過感情了，柏拉圖式的感情和緊密親近的關係都有。直到二十五歲前，除了工作和修行這兩個當務之急，我就完全沒有時間分給其他事情。漸漸地，我意識到自己錯過了生而爲人的一件大事：我還沒有完全體驗過自己。我學過純淨意識（purusha）和自然本質（prakriti）、濕婆男神（Shiva）和夏克提女神（Shakti）、陰和陽；我學過密續，也練過密法。但我對密續的性愛結合只有浮面的理解，沒有實際的經驗。

我向來受到宗教戒律的影響，總以爲禁慾是修身養性的必備條件。要到後來，我才發現這種觀點沒有根據，而且是錯的。我認識很多女孩子，有些女孩子也想和我在一起。但在自身信仰的驅使下，我不打算發生親密關係，何況我實在不覺得有發生關係的需求。我努力回報別人給我的愛，我很關心某些人，甚至很愛她們，但我對她們就是沒有絲毫依戀之情。她們在不在我身邊，我的心境都沒什麼不同。

有個女孩曾對我說：「問題是我什麼也不能給你，因爲你什麼也不需要。」

她說的也沒錯，我始終心繫喜馬拉雅山，我渴望親身體驗佛陀所實現的境界、瑜伽經文所談的狀態、吠陀所宣揚的超然，以及古聖先賢口中的三摩地。我的心識印記（samskaras）、天生的傾向，不斷把我推向那種存在狀態。我創造的財富愈多，這股衝動就愈強烈，因爲我實在想不透人爲什麼要繞著錢團團轉。我已嘗過名利和感情的滋味，也已嘗過受人矚目的滋味。我愈來愈清楚，這些東西都不能塡補我內心的空洞。

婚姻也不在我的計畫或夢想中，我知道自己遲早有一天會出家，所以我認爲和人成家是不道德的。我又一次落入天眞的思維中了，我總是相信絕對的定義，把人生看成非黑即白——這是好的、那是壞的，這樣是道德的、那樣是不道德的，這是對的、那是錯的。直到第一次練迦梨女神（Goddess Kali）密法、有了第一手的經驗之前，我都無法眞正掌握密續是如何用性愛來轉化和昇華自我，而我學到人生實在是一大塊的灰色地帶。

此一特定的密續功法，應該要讓修行者在鮮明的夢境中看到迦梨女神顯靈。練法是連續三個夜晚，連同一句咒語一起激發伴侶身上的迦梨能量。坦白說，我本來很懷疑短短三個夜晚的修行能有什麼重大成果，但我眞是大錯特錯。我不只清楚看到迦梨女神顯靈，在肉體結合的那一刻，我有一種與整個宇宙天人合一的感受。啊！我覺得我就是宇宙。

那是一種無與倫比的體驗，肉體的親密無損我的良知或修爲。相反地，性愛是一種不可思議的解放，性愛美得難以置信。我一改曾有的性愛觀或性慾觀，轉而認爲它是一種愛的表現，一種合爲一體的體驗。如果我以前對此有過任何禁忌，現在都沒有了。

我甚至記得，事後我坐在那裡，分析這麼美的一件事爲什麼會被世界上的幾大宗教貼上罪惡的標籤。性行爲如果是發生在婚姻之類的社會或宗教框架底下，那就是可接受的。但你如果膽敢越界，那就是犯罪。是誰訂下這些規矩的？某些印度經書對性愛抱持的觀點並非這麼負面。儘管如此，這些經書仍將性愛視爲修行的阻礙，因爲肉慾輕易就能凌駕於人的理智與決心之上。這些經書主張求道者必須守貞，他們必須堅定地奉行禁慾主義，免得淪爲誘惑的俘虜。

我看得出來這種主張有其道理，但如果是已經到達彼岸的求道者呢？我看不出來一輩子立誓禁慾有何智慧可言。更有甚者，我認爲終身禁慾既不自然也不必要。再者，密續提供一種非比尋常的方式，它將性愛轉化爲神聖的獻禮，而一般性行爲和密續性愛之間唯一的差異，僅在於正念而已。

密續講求覺知——對每一次呼吸、每一個念頭和每一種情緒的覺知。性慾不費吹灰之力就能摧毀覺知，一旦被性慾征服，是非好壞的界線很快就會變得模糊。但透過密續的正念，就連性慾都能變成一種對情感的覺知。密續的正念將情慾化爲愛，這是一種很細微但很強大的轉變，因爲到了下次浮現任何情色的念頭時，你感覺到的不會是肉慾的浪潮，而是洶湧的愛。這可不是雕蟲小技，而是脫胎換骨、超凡入聖的蛻變：你成功將人類與生俱來最強大的一股衝動，轉爲一種神聖的情懷了。

我的經驗讓我深深領悟：愛無疑是最強而有力的情感，愛是存在本質的健全表現。

我體認到沒有別種情感比愛更完整、更療癒。就連慈悲都可能是一種有意識的選擇，但「愛」呢？愛是存在的基礎，所以能撥動我們內心最深處的心弦。

這就是為什麼《吠陀經》推崇穩紮穩打慢慢來的開悟之道，而不主張貿然棄世或及早出家。《吠陀經》贊成婚姻制度，視婚姻生活為節制的生活，一種中庸之道。現在，這一切在我眼裡都有了道理。我明白了最偉大的先聖先賢為什麼都結了婚，為什麼就連奎師那、濕婆、毗濕奴和梵天都有配偶。這意思不是說婚姻會帶來開悟，而是婚姻能為身心靈的轉變發揮催化作用，這就是最偉大的預言家和瑜伽士掌握到的奧義。

本質上，比起謹守宗教戒律但成天和自己的七情六慾對抗的出家人，在家修行的居士過著求眞求實的生活，適度品嘗多采多姿的人生滋味，反倒能更快達到悟道的最高境界。性愛是一種值得了解也大可欣然接受的體驗，沒什麼可鄙也沒什麼好抗拒的。然而，我的婚姻觀還是沒有改變。愛是美好的，肉體上的親密是美好的，但我不想結婚。我也很清楚，在密法上一次小小的成功不代表我已臻至化境，也不代表我已經成為成就者，甚或修行大師。對我來講，看到迦梨女神一次還不夠，我想要一次又一次看到神。再者，我並未達到入定的境界。修行過程中，我的思緒還是會飄走。打從我開始修行已經過了十九年，但現在的我並不比剛開始進步多少。

久而久之，我漸漸認定自己需要上師的指導。或許拜師是精進之道，上師能夠指引、帶領我達到我渴望已久的最高境界。我眞心認爲自己之所以修不出所以然來，是因爲我沒有正式拜師出家。

「老闆？」

「老闆？」桑迪普又叫我一次。

我看看他。

「火車站到了，老闆。」

我拿起早上從家裡帶出來的行囊，向桑迪普道別，踏上前往瓦拉納西的旅途。我心想，最偉大的密續修行者都在瓦拉納西，我可以在那裡找到一位上師，除此之外，我就沒什麼特別的理由選擇這個目的地。

我先搭上前往德里的火車，因爲去瓦拉納西要從那裡轉車。又因爲去瓦拉納西的火車是次日一早出發，所以我在德里的旅館入住一晚。我從旅館房間打電話到加拿大，跟母親和波嫂再聊了一次。當然，她倆都毫不懷疑我的決心。

抵達瓦拉納西之後，我住進一間旅社，直接就上床睡覺了。第二天早上，我去一家網咖。除了寄給少數幾個人的個別郵件之外，我發了一封群組信給我聯絡簿上的所有人。信上寫道：

> 大家好，
>
> 打從有記憶以來，我就亟欲奉獻一生，追求一個更崇高的目標，一個和打造物質財富不同的目標。懷著這種心意，我一直都想踏上求道之路，追尋內在自我。現在是時候去完成我的使命了，我必須開始體現自己的心意。我要親自去了解眞理、驗證眞理。這指的是開悟的眞理。
>
> 我會成功嗎？我不知道，而且那不重要。我還是會繼續我的計畫。這眞的是我想做的事嗎？我再確定不過。這值得我讓親人飽受離別之苦嗎？

坦白說，我對這個問題沒有答案。每個人都是獨一無二的，我們生來都有不同的目標。或許終究殊途同歸，但心之所向各不相同。

我要踏上終身求道之旅的時候到了。過去十八年來，我每一天都在期待這一刻。請大家善自珍重、彼此保重，也請大家務必知道，不在的只是我的形體，我人在別處找到歸屬，除此之外一切都沒有改變。

從此刻到不知何時，透過二十一世紀的任何媒介都聯絡不上我（笑）。我會拋下手機，我會停用所有電子郵件信箱，我沒有一個永久地址，任何給這封信的回覆都會自動退回。

我深深感激各位這些年來對我非比尋常的愛、關懷和情誼。我發自內心請求各位的諒解，因爲我的想法、言語或舉動一定有傷害過你們的時候。如蒙諒解，便能助我此行走得輕盈自在。

在此向各位內在的神性一鞠躬。

阿密特敬上

8 成就者

在河壇遊蕩了一整天，我又累又渴卻睡不著覺。往日種種沒什麼好想的，我只是等著這個夜晚過去。最後，我在凌晨五點起床，泡了個長長的澡，再去吃早餐的地方，但那裡還沒開。接下來兩小時，我又去了餐廳幾次，但結果都一樣。我有點著急地跑去櫃台，卻發現員工們都在睡覺；有些睡在地上，有些睡在沙發上。

他們開始供應早餐時，時間已是上午九點。太陽大放光芒，溫度計上的水銀柱節節攀升。我本想早早開始一天，結果這個願望就像一場夢，跟過去的二十四小時一樣不眞實。馬尼西直到十點左右才出現，我們終於從民宿出發了。

我們來到河邊一間叫做斯里曼斯❶的小型精舍。一個有點駝背的老人走了出來，問我從哪裡來、來這裡做什麼。我告訴他，我在找一位可以在求道之路上提點我的上師。他請我跟他入內，並請馬尼西在外面等。

我被帶到一個房間，房裡坐了兩個男人，一個在整理帳本，另一個一身白袍，坐在旁邊看。我向白袍男一鞠躬，他開始問我各種問題，像是我爲什麼想出家、我的父母知不知情。他想知道我的父母人在哪裡、做哪一行、我有多少兄弟姊妹、我有沒有工作或事業、我爲什麼拋下自己的事業、我還想追求什麼……他還問了一堆別的問題，但我現在已經想不起來了。

拷問了大概十分鐘後，他說：「這陣子古儒吉❷在赫爾德瓦爾參加大壺節。」打從一開始，我從這個人身上就感覺不到絲毫超凡脫俗的氣息。但我心想，或許是我的偏見和盲點使然，導致我誤判了這個人，另一個人又針對我的教育背景問了幾個問題，接著他說很高興見到像我這樣的人，天曉得這話什麼意思。他告訴我，我其實應該去參加大壺節，因爲所有的聖僧都聚集到那裡去了。我不是很想爲了拜師的事去大壺節或其他地方，因爲我很確定神帶我來瓦拉納西是有道理的。

就在這時，一個矮矮胖胖、一樣身穿白袍的男人走進房間。他往沙發上一坐，打了個響亮的嗝。即使我的文化和傳統要我向身穿僧袍的人表示敬意，因爲他們是「法」的象徵，但我就是不想向他鞠躬。對他那副儀態，我用無視他來表示我的反感。

「你從哪來的？」他問。

「巴巴吉，我從德里過來的。」

「這年頭火車準時嗎？」

「我搭的那班誤點了四小時。」

❶斯里曼斯（Sri Math）即印度語精舍、道場之意。

❷古儒吉（Guruji）即印度語「大師」之意。

「這些混帳永遠沒有準時的一天，他們就連生下來的時候都遲到。」說著他又打了一個大嗝。「我有點吃太多了。」

「丘圖！欸！丘圖！」他大聲喊某個人。

整整一分鐘過去。

「喂！丘圖！」他扯開嗓門大喊。

「來了，巴巴吉，我來了。」一名少年出現了。

「你為什麼老是要我一叫再叫？不能叫一次就來嗎？就連神顯靈都比你快。去泡四杯茶來。」

「我不用了，謝謝，我不喝茶。」我說。

「我們可以幫你倒杯牛奶。」

「感激不盡，但是不用了，我才剛吃過早餐。」

「那就泡三杯茶來吧。」他對丘圖說。

「所以，你吃過早餐了。你住哪？」

「我已經回答過這個問題了。」我說。我不打算繼續在這裡浪費時間。

我向這三位先生告辭，留下一張一百盧比的紙鈔，三步併作兩步逃離那裡。馬尼西在外頭等我，我告訴他這地方眞是一場災難。他哈哈大笑，我也笑了出來。接著，他提議我到附近另一個地方探一探。結果那是一棟老舊的建築，我立刻受到它的吸引。說起來，這一帶的建築全都又老又舊，但這一棟特別破。看著它，我深信自己會在這裡遇到一位成就者——某個躲在高牆後不爲世人所見的偉大瑜伽士。

大門虛掩著。我敲敲門，但沒人回應。馬尼西把門推開，我們入內來到庭院。庭院中央有棵巨大的菩提樹，它龐大的身影遮去了一部分的天空，嫩綠的樹葉落在一地褐色的枯葉上。牆壁都斑駁了，在殘留的白漆下看得出先前的塗料。

入口附近有一間小小的盥洗室，我看得出來地板還濕濕的，像是剛有人洗過澡。水龍頭滴著水，底下有個鋁製的舊水桶用來接漏水。近處放了一馬克杯的水，馬克杯的把手斷了。

一旁，我看到有個房間虛掩著門。房裡雖有三張單人床，但只見一位年邁的那伽苦行僧❸躺在地上鋪的一塊毯子上。他看起來就跟周遭景物一般老舊而疲憊，年紀說不定有八十歲了吧。我發覺他在喘，他一直指著自己的嘴巴和胸脯，表示自己吸不到空氣。我當了一輩子的氣喘患者，所以我很清楚吸不到空氣的痛苦。

我跟馬尼西說，我們應該送這位僧人去醫院，我會幫他付醫藥費。馬尼西搖搖頭，說這位僧人直到上週都在住院。馬尼西也告訴我，還有其他僧人住在這裡，他們晚上會回來，這個人並不是孤單一人。

「你怎麼知道的？」我問馬尼西。

「我就住這附近，先生，我知道這座河壇，也認識這位巴巴。在這種黃金地段，你以爲這裡會白白空著沒人住嗎？」

其他床鋪看起來確實像剛鋪好，我也看得出來盥洗室剛剛有人用過。我感覺得到馬尼西說的是實話：這位苦行僧不是孤單一人。但我很心疼這位老者。

「他爲什麼不接受治療？」

「他沒錢接受治療，公立醫院也沒有一家機構要幫他。」

「那我們帶他去私立醫院，我來付錢。」

「那如果他在路上死了呢？警察會說是你害死他的，因爲你想謀奪這間精舍。我們會惹上官司。」

說來殘酷，但說也奇怪，他的話在我聽來有道理。

離開這棟建築之後，我跟馬尼西說我需要喘口氣。我在外頭的台階上坐下，那位老僧的畫面在我腦海揮之不去。我的人生也可能是一樣的下場，我知道自己要對這種可能性做好心理準備。我跟那位喘著氣的苦行僧有什麼不同？他拋下他的過去，我也拋下我的過去。

我滿腦子問號。不分男女老幼、出家僧人或在家居士，我身邊似乎都沒人看過神。要是神根本就不存在呢？要是根本沒有什麼造物主創造我，我只是跟其他物種一樣隨著時間

❸「那伽」意為「赤裸」。那伽苦行僧（Naga sadhu）往往赤身裸體，並在全身上下塗抹死人火化後的骨灰。

演化而來的呢？或許我對神的追尋終究是一場空，最後我就會跟那位苦行僧一樣，形容枯槁、無人聞問。

「苦行僧怎麼會是那樣死去的呢？」我問馬尼西。

「他們才不是真正的苦行僧，先生，他們成天抽大麻，有些還是逍遙法外的逃犯。」

儘管有馬尼西的安慰，我還是好幾個月都忘不了那位老僧的面容。

之後我們又去了另一座河壇。在這裡，馬尼西帶我到一個用防水帆布搭的臨時帳篷。帳篷門開著，我瞥見裡面一位那伽苦行僧赤身裸體盤坐在地，旁邊站了一名徒弟。我靠近門口，想進去見那位僧人，但他的徒弟起身請我保持距離。儘管如此，我還是朝裡面窺視。帳篷一側有張床，床高十八吋左右，床上鋪了一大塊獅子皮。帳篷裡塞滿一堆食物和其他補給品，真是個凌亂不堪的小地方。

我塞了一張五十盧比的紙鈔給那位徒弟，這個人頓時露出笑容。

「你想聽巴巴吉的開示嗎？他什麼都知道。你甚至還沒到這裡，他就知道你的一切了。」徒弟熱切地說。

一看到馬尼西是本地人，那位徒弟就對他露出鄙夷的神色。我邁步踏進帳篷，那位巴巴突然激動大叫。他的徒弟連忙告訴我，僧人只准我看他一眼，他不想被打擾。徒弟請我離開。

我掏出一張一百盧比的紙鈔，徒弟迫不及待地收下。「巴巴吉，他是你的信徒，他想得到你的祝福。」徒弟轉身看那位聖僧，並把錢亮給他看。

「現在我可以進來了嗎？」我問。

「那可不行，你只能在外面。」

我又掏出一張一百盧比的紙鈔，他這才請我進去。

就在此時，我頭也不回地走了。直到這一刻爲止，我都還抱著開放的態度，認爲這位苦行僧有可能是個得道高僧，之所以把我擋在外面，只因他不想見人。但更多的錢終究打開了帳篷門，我就知道這裡不是我的目的地。在我眼裡，這兩個人都很赤裸：一個暴露了他的身體，一個出賣了他的靈魂。我想起卡比爾（Kabir）的兩行詩句：

Guru jaka aandhara, chela hai jaachandh,
Andha andhe theliye, dono koop parant.

（上師眼盲，徒弟亦然。
盲者導盲，終至雙雙落井。）

我繼續跟著馬尼西到處遊蕩，不確定要去哪裡，但很清楚我要找的是什麼。一會兒過後，一棟建築抓住我的目光，我情不自禁被吸引過去。從我們所在的位置，我只能看到建築的背面。我跟馬尼西說我想去那裡看看。

他帶我爬上階梯，來到河壇上方的馬路，再領著我穿過另一個迷宮般的街廓，直到來到那棟建築的入口。入口有一扇鐵柵大門，鐵柵大門裡藏著一扇比較小的便門。我們敲敲那扇便門，但沒人來開門，即使聽得到裡面的動靜。我們等了等，接著又敲了一次門。最後，馬尼西伸手穿過鐵柵，從內側拉開門閂。我們彎身入內，一下子來到了庭院。我們右邊有個房間，房裡四名年輕男子正在大聲聊天。庭院另一頭有間小廟，廟裡坐了個較年長的男子。

他看到我們就走了出來。「你們是從哪裡來的？」他問話時幾乎張不開嘴，像是塞了滿嘴的檳榔似的。我心想：又來了，又一輪拷問。應付幾個問題後，我說：「我想見巴巴吉。」

沒人跟我說這裡住了一位巴巴吉，但我不知怎麼就是知道。說是我的直覺也好，說是一種沒有根據的希望也好。這名男子沒有回答我的問題，只是指著馬尼西說：「這傢伙是誰？」他把馬尼西從頭到腳打量一番。我看過男人色瞇瞇地打量女人，但這還是我第一次看到一個男人這樣打量另一個男人，只不過他的眼裡滿是輕蔑。

「他是我的嚮導。」

「嗯哼。」

「我想見巴巴吉。」我再次強調。

那兩個年輕男子聚了過來，他們大概十幾二十歲吧。我發現比較年長的男子名叫米西拉吉，他挑了挑眉毛，向另外兩人示意。兩個年輕男子喊了起來：「喂！丹許．穆尼津

「全程一路開到那裡嗎？」

「還有回程。」我補充道。

「那太遠了。不行，我不幹。車資會很貴。」

「你說個價碼，或許我付得起。」

「別鬧了……要很多錢啦。」

「你到底想不想去？」

「想，我想。」

「多少錢？」

「可是太遠了啦！」

我開始失去耐性了。

「我再問你最後一次，把價碼告訴我，我再決定要不要去。」

「還有回程？」

「是的，我只要在那裡待一、兩小時，接著就要回到這裡。」

「多少人？」

「就我們兩個。」

「你們確定今天就會回來嗎？」

我看看馬尼西。「這人什麼毛病？」

當時是一大早，我肚子空空如也。我要去見我的上師，而區區一個電動三輪車司機，只用了短短幾分鐘，就毀掉我雀躍的心情、澆熄我滿腔的熱忱。有時候，瑣碎小事就是能對人有這麼大的影響。

我四處張望，看還有沒有別的電動三輪車可搭。就在這時，他說：「算你們六百盧比。」

我沒心情討價還價，便點點頭，直接跳上車。馬尼西跟上來，坐在我旁邊。

電動三輪車開得很慢，我們過了上午九點半才抵達那座村子。很快地，我們就停在目的地外面了。那是一棟校舍，以這個小村子來講，規模算是蠻大了。我很訝異看到入口有警察看守，結果原來這所學校是大學入學考試的考場，警察是在那裡防作弊的。作弊的問題顯然很猖獗，老師也是幫兇，他們會給學生小抄；有時候，他們甚至會把答案寫在黑板上。但我還是不懂這些警察爲什麼要全副武裝，他們身上配有來福槍，是要用來對付誰？帶小抄進場的學生嗎？

大校舍的旁邊有個小建築。我聽說這是一所全英語教學的小學，收的學生到八年級爲止。孩子們正以悠揚的歌聲吟唱晨間禱文，唱的是妙音天女的經典歌謠：

喔，女神，
賜我們以奔放的思想、
神聖的智慧，
以知識的甘露盛滿這個國家。

我跟一位警察大人說我是來見巴巴吉的，他引導我到學校後頭的小屋。我朝那間屋子走去，在半開著的門前停下。一名僧人坐在裡面，出神地唱著拉格序曲（raga alaap）。我站在那裡，聽得如癡如醉。我從來不曾見過像他那樣的苦行僧，多年的苦行曬得他皮膚黝黑，黝黑的臉和他潔白的鬍子形成對比，我覺得自己像在看一輪美麗的日蝕。一頭糾結的白色長髮在他頭頂打成一個稀奇古怪的結，他的額頭寬得離奇，就像一般人印象中的苦行僧一樣。他也有個圓滾滾的肚腩，彷彿他跟古時候的偉大瑜伽士一樣，隨時都在練習止息（kumbhaka），亦即瑜伽的停止呼吸。他盤腿而坐，以一塊布遮住大腿，渾身散發吉凡穆塔❹的超然。

唱著唱著，他停下來看我。他的眼睛雖小，眼神卻很平靜，而且有種催眠的魔力，看得我既敬又畏。他投來的第一個目光就不只看見、看穿了我，而且把我攫住。我當下就對他心悅誠服。他那副威嚴的儀態彷彿在說他是這裡的主宰，事實上，他看起來像是宇宙萬物的主宰。我知道自己見到一位成就者了。

---

❹吉凡穆塔（jivanmukta）意指「活在世俗中的解脫者」。

我五體投地在他面前拜倒，馬尼西跟在我身後靠上前來。

「他是誰？」巴巴問道。

「巴巴，他是我的嚮導。」

我轉身對馬尼西說：「你可以到三輪車那裡等我嗎？」我感覺巴巴不喜歡他在這裡。

一番介紹過後，巴巴問我：「你是在做相關研究嗎？」

「不是的，巴巴，我想正式拜師出家。」

「你為什麼想出家？」

「我做過許許多多的修行，我試了又試，實驗來實驗去，努力了將近二十年，但卻無法達到經書上說的最高境界。」

「你做過什麼修行？」

我舉了幾個例子。

「你是婆羅門嗎？」

「是的，巴巴，我是系出高塔姆（Gautam）的薩拉斯瓦蒂婆羅門（Saraswat

Brahmin）。」❺我也把我的全名告訴他。

「那我教你。」

他又問了一些問題，並叫我住到他在瓦拉納西的精舍去。

「兩天後我跟你在精舍見。」

我又對他膜拜一番，並獻上一些錢。

「一旦獻身求道，這些錢又有何用？」他說。

他把錢留在腳邊沒去碰它。我心滿意足、幸福洋溢地走出小屋。

❺此處作者介紹他在印度種姓制度中的身家背景，婆羅門為種姓制度中的祭司階級，「薩拉斯瓦蒂婆羅門」源自印度西北部的薩拉斯瓦蒂河，「高塔姆」則為婆羅門中的一個支系。

9 出家

我們大約中午回到瓦拉納西。我退掉民宿的房間，並向我這兩天的嚮導馬尼西道別。「請再跟我聯絡。」他貼心地說：「如果你不喜歡這裡，我可以幫你另外再找一間精舍。」我再次謝過他，接著就按照巴巴吉給我的指示，朝他在瓦拉納西的精舍邁進。

到了精舍，丹許·穆尼津為我打開一個房間。我走進去，四處看了看。倒不是說房裡有什麼可看的，就一塊光禿禿的地板而已，沒有床鋪，也沒有寢具，地上只有一個發霉的櫥櫃。不過屋況不錯，房裡很涼爽。我躺在地上，望著電風扇，電風扇一圈又一圈咿咿呀呀慢慢轉動，像是在跟我說：「歡迎踏上開悟之路。」

硬梆梆的地板躺起來很不舒服，我問丹許．穆尼津，有沒有可能給我一塊床墊或一條墊被。他懶得回我話，直接上二樓去，我則在一樓的庭院等。一會兒過後，他從二樓叫我，我一抬起頭，他就把一塊薄薄的髒毯子拋下來。毯子掉在我身旁，掀起一陣塵埃，嗆得我狂咳。我一邊喘氣，一邊伸手去拿我的支氣管擴張劑吸入器，一口氣吸了兩倍的劑量。

在等咳嗽緩過來時，我納悶起丹許對我的態度。要到很久之後，我才明白他要的是錢。早知如此，我當時就會給他一些錢了，給他錢不只能讓我的日子好過一點，也能讓他的日子好過一點。令人訝異的是，我後來也得知他其實正在貝拿勒斯印度大學（Banaras Hindu University）攻讀博士，即使他的言行舉止毫無教養可言。這只讓我更加確信一個人書讀得再多也就那樣，瞧瞧他，讀的是梵文（Sanskrit）博士，卻沒有半點溫文儒雅的樣子，尤其諷刺的是「Sanskrit」這個字意指「一個有文化的人」。

精舍還有另外四個房客，他們都是全職學生，就讀不同的大學。他們幫精舍打雜，換取免費的食宿。那天稍晚，我去了市場一趟，在巴巴回來之前，我不想浪費時間乾等，心想我可以去買一、兩本書來看。我挑了幾本密續相關書籍，接下來和巴巴共度的幾個月，手邊有這幾本書剛好很方便——白天，讀書讓我有事可做；夜裡，這些書又可以充當我的枕頭。

四天過去了，我迫不及待地等著巴巴歸來。打從第一次見面之後，我就很渴望再見到他，事實上，我沒有一刻不惦記他。這段時間，我又為了買書去市場一趟，這次我帶了其中一位學生房客潘旺一起去。我提議買清涼解渴的拉西❶來喝，由我出錢就可以了，他一開始很不好意思，但接著一連喝了三杯。

前往書店的路上，潘旺敞開心扉跟我聊，說他父親在村子裡擺攤賣茶飲。身為婆羅門，他父親的願望就是潘旺能成為印度教的祭司。

「但那是你想做的嗎？」我問。

「是的，但一邊念書一邊做事很辛苦。」他沮喪地說：「忙完精舍的雜務，我就累到只想睡覺了。」

「你跟巴巴談過這件事嗎？」

「我哪敢跟巴巴吉談，他搞不好會很生氣。」

「是嗎？」

「是啊。事實上，我很好奇，你是怎麼知道巴巴吉的？」

「我事先並不知道。是命運把我帶到他身邊，而我很確定巴巴就是我的上師。」

「我覺得如果你只叫他『巴巴』，巴巴吉聽了會火冒三丈。」

「對我來講，他的願望就是命令。潘旺，他要我怎麼叫他，我就會怎麼叫他。」

潘旺說的也沒錯，因爲其他人確實都叫他「巴巴吉」。但不知道爲什麼，打從第一天起，我就叫他「巴巴」。這個稱呼讓我覺得比較親切，但我是懷著莫大的愛與敬意叫他巴巴的。

❶ lassi，印度傳統優格飲品，有甜有鹹，以芒果口味最為經典。

在書店裡，我問潘旺想不想買書，但他搖搖頭。我堅持要爲他買一點東西，他說不如買瓶可樂給他吧。我心想，帶點東西回精舍請大家吃應該是個好主意，於是我們就買了一大罐可樂、幾杯加糖芒果汁和兩盒餅乾。

看到我們買回來的東西，學生們樂得跳上跳下。丹許．穆尼津態度軟化了一點，拿起那瓶一公升裝的可樂猛灌。請客變成我的固定活動，每當我去買書，就會順便帶可樂和餅乾回來招待大家。我也會爲自己買水和餅乾，有冰水喝實在太暢快了。丹許．穆尼津的房間有冰箱，但我從不去他的房間，而他也只把冰水留給自己。再者，他會直接就著瓶口喝水，所以我也不是很想去喝那瓶水。

餅乾和瓶裝水成爲我偏好的餐點，因爲他們要到上午十一點才會在精舍做早餐。在外面的路邊攤，唯一買得到的早餐是脆球餅和咖哩餃，兩者都是油炸食品。我習慣凌晨四點起床，捱到近午才吃早餐不是個好主意，吃脆球餅也不是個好選擇。當然，啃餅乾也不盡理想，但我總得活下去。

到了傍晚，煮食區就會滿是飛蛾和其他昆蟲，我很訝異學生們和丹許．穆尼津都毫不在意。他們試都沒試過要把食物蓋住，就連小麥麵粉也徹夜暴露在外。第二天早上，你可以看到麵粉裡一堆昆蟲屍體。第一次看到那副景象時，我嚇了一大跳，心想如果只因我們夜裡沒有把它蓋上，每天就得把好好的麵粉倒掉，那也太不小心了。但他們有不同的想法，他們只是把麵粉篩一下，把昆蟲屍體丟掉，然後就揉起麵團來了。我有幾次試著提出不同做法，也有幾次自己直接去把麵粉蓋上，但丹許．穆尼津卻把我的舉動視爲一種干涉，所以我就不再這麼做了。我就跟別人一樣吃下那些食物，把它當成我在這裡的生活經驗來接受。

在那裡的生活，有其他部分也花了我一點時間去適應。精舍裡不准穿拖鞋，就連在髒得不得了的盥洗室也不准穿。光腳蹲在蹲式馬桶上是我這輩子受過最大的酷刑，雪上加霜的是，我已經十多年沒用過這種馬桶了。但結果證明，這種處境有助我爲喜馬拉雅山森林裡的生活做準備；到了那裡之後，我完全可以輕而易舉就蹲下來解放。

才到精舍住幾天，我的雙腳就乾燥龜裂得很嚴重。在此之前，我從來不曾打赤腳超過幾分鐘；到了這裡，我一天到晚打赤腳。我每隔幾小時就去洗洗腳，但這麼做也於事無補。

肉體上的不適還不比等待巴巴的心情來得煎熬，我滿腦子老想著他。他說他過兩天就回來，但至今不見蹤影。我想到那座村子去找他，但大家都勸我打消念頭。「你最好乖乖在這裡等，因爲那是巴巴吉給你的指示。」

最後，我還是等不及了，我決定去巴巴的精舍找他。第二天早上，我用一個小塑膠袋裝了一套衣物和幾件盥洗用品，刻意晚點出門，這樣才能順路買到巴巴最愛的甜食、檳榔和報紙。抵達巴巴在村子裡的精舍時，時間剛過上午十一點，一下電動三輪車，我幾乎是用跑的來到他的小屋，因爲我實在等不及要見他了。一進入他的房間，我就跪下來把獻禮放在他腳邊。

我以爲巴巴會很高興再見到我，然而，他跟我說話的樣子卻彷彿與我素未謀面，也不知道我一直在瓦拉納西的精舍等他。我很困惑，也很失望，但旋即拋開自己的感受，心想或許這是巴巴考驗我的方式。一會兒過後，他說：「好吧，我們今天就來聊一聊。」

他問了問我的教育背景和來歷。我說我開過軟體公司，也做過其他生意，並且在幾個

不同的國家都住過。他聽了很高興，但他尤其得意的是我會說英語、曾在國外深造。所以後來只要精舍有訪客上門，他逢人就說我是從澳洲回來的工商管理碩士。

我請求巴巴准許我留在這間精舍侍奉他，他沒有立刻給我答覆，我靜靜地坐在一旁。一會兒過後，有個女孩進入房間，他跟她說我想拜他為師，問她會不會覺得不自在。她點點頭，兩人用當地方言博吉普爾語（Bhojpuri）交談一陣子，我聽不懂他們在說什麼。他們談完之後，巴巴說我可以留下，我就請三輪車司機離開了。

女孩名叫妮琪，向來是由她照顧巴巴和煮飯給他吃。他只吃庫瑪麗❷煮的食物，而且別人都不能跟他分食，這可能和他在練的密續功法有關。他待她就像自己的女兒，而她通常就和他一起待在他的房間。她的哥哥會過來跟他們一起睡，因為巴巴原則上絕不和妮琪單獨共寢。我也認識了其他生活在這間精舍的人，包括比巴巴年長兩歲的徒弟薛西．穆尼

❷庫瑪麗（kumari）一詞源自梵語，指未婚處女。

（Shesh Muni）。巴巴的司機也住在那裡，大家都叫他潘迪司機。我是少數問他全名的人之一，他的全名是哈里．嗡．潘迪（Hari Om Pandey）。

我到那裡時，約有十個工人暫時住在精舍，因爲巴巴已開始動工興建第三棟建築，未來將當作女子學院之用。巴巴請我到附近的小屋休息，聽了他的指示，我回應道：「謹遵巴巴之意。」這就是我最常對巴巴說的一句話。不管他的指示有多麼稀奇古怪，只要從他嘴裡說出來，我只會簡單回一句：「謹遵巴巴之意。」而且，唯有他要我回話時，我才會開口講話；其餘時間，我就保持沉默。我想在各方面都當一個眞正的徒弟，給他我所有的一切：我的身、心、意、靈，乃至於我的錢財。

聖書上都說師徒之間只有兩種對話，一是上師問話、徒弟答話，二是徒弟發問、上師自行選擇要不要回答。師徒之間絕無爭論、回嘴的空間，這是東方的文化，我很尊敬也很重視。巴巴吩咐我去的小屋搖搖欲墜，亟須整修，牆上滿是蜘蛛網，其中一個角落擺了一張薄薄的墊子。我一把墊子打開，蜘蛛和其他昆蟲就四處逃竄。墊子上滿是灰塵，事實上，那塊墊子彷彿就是用灰塵做的。

潘迪司機幾分鐘後拎了一條水管過來，把整間小屋沖了一遍。我請他用力甩那塊墊子，幫我把灰塵甩掉，因爲我有氣喘。他照我說的做了，但墊子還是很髒。我遮住我的臉，親手把墊子再甩了甩，但無論怎麼遮擋，灰塵還是嗆到我了。我拿出隨身吸入器，吸了幾口支氣管擴張劑緩過氣來，然後就坐下來休息。到了下午，巴巴派人傳話，叫我到薛西．穆尼的房間吃點東西。

薛西．穆尼的房間是用裸磚砌成的，屋頂是一塊鐵皮。房間一角擱著一個裝了馬鈴薯的髒籃子，靠牆而立的架子上擺著老舊的金屬容器和塑膠容器。光天化日之下，天不怕地不怕的大老鼠就在這些瓶罐間自由地跳來跳去。天曉得那些瓶罐裡裝了什麼，因爲薛西．穆尼向來只吃馬鈴薯配特定的一種扁豆。他有心臟病，所以他吃的都是無油料理，也絕不能有任何辛香料。事實上，他的食物什麼味道也沒有。

他有一張單人床，床上鋪了兩塊光禿禿的墊子，沒有床單。枕頭眞的很髒，就像從沒洗過似的。枕頭旁邊放著一串鑰匙、一些零錢，以及幾枝壞掉的原子筆，筆蓋都不見了。一台老舊的桌上型電風扇發出惱人的噪音。

房間的一角倒是有一件比較現代化的物品——瓦斯爐，但除非情況緊急，否則大家都不准用它。他們一般是用煤油爐料理食物，我依稀記得自己三、四歲時看過像那樣的爐子。你要先給它打氣釋出煤油，打氣時會製造很大的噪音，接著還得用火柴點火。薛西・穆尼後來在點火時不幸燒掉了一部分白泡泡、幼綿綿的吐司麵包。

抵達精舍兩天之後，我發現巴巴想整修他的小屋。那棟小屋是兩房一衛一廚，外加一個小小的大廳。顯然，他的資金不夠，因爲擔心多出一些枝微末節的花費，他決定對整修工程做出妥協。我斗膽跟巴巴說，他已經苦行了一輩子，不需要再委屈自己。我提議在他的房間裝一台冷氣，他說他沒錢，我就說我會幫他出錢。他告訴我，這裡停電的時間比有電的時間還久，就算有冷氣，用處也不大。我提議買一台發電機，他問我誰來付錢買發電機要用的柴油，我說我可以用公司給我的每月津貼支付這筆開銷。

巴巴很滿意我的提議，並同意由我支付其他哩哩扣扣的花費。他也請我買了兩盞小吊燈和一些美麗的燈具，用來裝飾他的房間。我想用盡一切辦法侍奉我的上師，他如果要我砍下頭來放在他腳邊，我想都不想就會照做。

巴巴也問了關於我的積蓄和銀行帳戶金額的事情，我都一五一十地告訴他。我也解釋說我其實在離開時就放棄所有財產了，戶頭裡之所以還有一些餘錢，是因爲有些人可能基於對我的愛和擔憂，沒去把他們的支票兌現。

第二天，買冷氣和其他東西的計畫付諸實行。巴巴派人請來一個名叫朗傑・潘狄（Ranjay Pandey）的人，結果他是皇室貴族，在我日後的人生中，他會扮演救命恩人的重要角色。朗傑開他的休旅車來載我，另外還有兩個人加入我們的行列，因爲巴巴要他們陪我去。巴巴說我還挺單純的，怕我會被店家占便宜。我說：「謹遵巴巴之意。」

看到他的小屋要用的冷氣機、發電機和其他用具，巴巴還挺滿意，但要到整修完工後才能裝上這些東西。於是他請我監工，好加快小屋的整修工程。我把這件事當成挑戰，做得甘心樂意，即使在施工時我必須光著腳，踩在滿是水泥、沙子、塵土和其他建材的地面上。雖然這裡是工地，巴巴暫時不住在這個房間，但這是他的家，沒人可以穿著鞋子踩進來。

我每天都會把腳洗乾淨，但第二天一樣要弄髒。我的後腳跟裂得很嚴重，血都滲出來了。後腳跟痛得我受不了，有一次我就穿著夾腳拖去巡視工地，結果證明這麼做眞是個壞主意，因爲在場每個人都認爲我很狂妄無禮。妮琪去跟巴巴告狀，儘管他什麼也沒對我說。

我不介意在精舍的種種不適，因爲我本來就是去苦修的，而且我把這一切視爲我對上師的侍奉。難道我對巴巴的忠誠這麼不堪一擊，只是區區的監工或打赤腳就擊垮了嗎？難道我不該超越肉體的束縛嗎？我前面三十年的人生，主要豈不都是用在照顧這副肉身的需求嗎？食物的匱乏或別人不尊敬我，只是學習修行的祕密要付出的小小代價。

我心想，任何推我踏出舒適圈的事情，都能助我更上一層樓。但我迫切想要沉浸在修行之中，早日見到太初之母（Mother Divine），悟得三摩地的境界。我很期待巴巴指點我、開示我，但就連要逮到機會跟他獨處都有困難，因爲妮琪總是在他身邊。她過去曾在巴巴創辦的小學念書，但因爲他是創辦人，所以學校對她的規定比較寬鬆。任何能跟他獨處的時間，都是我一天當中最棒的部分。

在其中一次難得的機會裡，我問他：「巴巴，我眞的很想見到神，這是有可能的吧？」

「只要苦心修練，有什麼是不可能的呢？太初之母隨時張開雙臂等著孩子愛的呼喚。」

我感動得掉下眼淚。我想見到太初之母，我想在她的膝上玩耍。

「巴巴，如果你願意跟我分享你見到神的經歷，我永遠都會很感激。」

他笑了出來，開始回述一件往事。我全神貫注豎耳傾聽。

「以前我個頭魁梧、體格壯碩，定期都會參加摔角比賽。有一次，大概在我十九歲的時候吧，我們一行三個苦行僧到別的村子去，參加一場摔角比賽。途中，我們在河邊停下來吃午餐。隔著一段距離，我們看到一位身材高䠷的苦行僧，腳步匆忙但優雅地朝我們走來，他的臉上容光煥發。

「我鬧他道：『師父，你急什麼呢？趕著去吃飯嗎？來吧，我餵你。』

「他聽了很生氣，責備我道：『你當了苦行僧，卻沒有一點苦行僧該有的樣子。』

「我又嘻皮笑臉地鬧他道：『是喔？那你倒是說說看，苦行僧該有什麼樣子？』

「他說如果我眞的想知道，那就跟他走。我牽來其中一輛腳踏車，跟兩個同伴說我隨後到比賽場地和他們會合。那位苦行僧帶我到一座火葬場，火葬場有一間小廟，廟裡有一尊女神像，他要我坐在神像前。『現在，你可以自己親眼看一看。』他把門關上，廟裡頓時一片漆黑。他點亮一盞燈，開始唸一段神祕的咒語。唸完之後，他說：『我到外面等你。』說完他就離開了。出去之後，他又關上門。

「過了幾秒鐘，神像跳起舞來。那是一尊石像，石像居然會跳舞，眞的把我嚇壞了。我嚇出滿身大汗，如果不是在廟裡，我看我大概會嚇得尿褲子吧。我站了起來，但石像還是跳個不停。我也開始聽到一些奇怪的聲響——狼嚎、狗吠、流水潺潺、雷電交加，我怕得不得了。我重新坐下來，但廟裡的能量變得愈來愈強烈，愈來愈難以承受。我再也受不了了，我一骨碌跳起來，沒跟神像鞠躬就奪門而出。那位聖僧在外等候，他問我：『如何？你看到了什麼？』

「身爲一個傲慢的傻瓜，我不願承認自己心生敬畏。我說：『我什麼也沒看到。』那位苦行僧說：『你走吧，小王八蛋，從你的表情就知道你在說謊。』

「我在他跟前跪下，懇求他的原諒，並請他收我為徒。然而，都怪說謊害我錯過這位恩師。他說：『我沒辦法收你這種徒弟，你還是走吧。』

「在那之後，我又去了那座火葬場幾次，但都沒找到他。不分白天黑夜，不管開著門或關著門，我坐在那間廟裡左等右等，神像都不曾再跳起舞來，廟裡也不曾再傳來那些聲響。」

語畢，巴巴就沉默下來。我向他一鞠躬，感謝他和我分享他的經驗。我還想問關於修行的問題，但不敢打破那份莊嚴肅穆的靜默。

「巴烏吉❸，我來了。」妮琪的出現結束了我們的談話。村子裡的兩個信徒也來了，他們開始幫他按腳，這是巴巴很享受的一件事。現在是下午，他總會睡個午覺。他示意我離開。

❸巴烏吉（Bauji）為印度語「父親」之意。

＊＊＊

巴巴每天都問我是不是認眞要出家苦行。「我之所以成爲苦行僧，是因爲小時候在學校被老師打，回家又被爸爸打。九歲的時候，我就逃家了。我很好奇你爲什麼要棄世，你學歷高、身體健康、年紀輕輕、品貌端正，沒道理要出家啊。」

聽到他的讚美，我笑了笑說：「因爲我想見到神，巴巴，我對物質生活沒有興趣。」

「那很好，但我不相信令堂認同你的決定。」

「目前沒人知道我人在哪裡，但我一直以來都跟我母親說，總有一天我會出家去修行。」

「古魯，在我跟令堂談過之前，我都不會爲你舉行正式出家的儀式。」有時候，他會親切地喊我一聲「古魯」❹。

一天早上，我記得是三月三十一日，巴巴請我聯絡母親。我很不想做這件事，但我不能拒絕他。母親當時和我哥哥在加拿大，我用巴巴的電話打到哥哥家裡，媽媽接起電話。

她聽到我的聲音激動不已，我告訴她我很好、我的上師想要跟她聊一聊。

巴巴對她說：「是的，我的女兒，他來找我拜師出家。我該讓他剃度成僧嗎？」母親說：「巴巴吉，他從很小的時候就這個樣子了。請為他賜福，讓他成為超凡入聖的修行人，我才能對全世界說：『我是一位聖僧的母親。』」

巴巴說了幾句祝福的話語，說完就掛上電話。他喜出望外地說：「我很高興今天令堂對你的修行表達了讚許與祝福。現在，我勢必要讓你剃度出家，踏上棄世之路。」在整個苦修期間，這就是我最後一次和母親談話。

他開始用博吉普爾語唱一首我聽不懂的歌，妮琪在一旁笑了出來。有幾位老師走進房間，我的上師轉頭對他們說：「今天，我和他母親聊過了。」巴巴轉述他和我母親的談話，接著引述了《羅摩功行錄》裡的一段詩句：「Putravati jubati jag soi, raghupati bhakt

❹古魯（guru）即師父之意。

jasu sut hoi. Nataru bhanj bali baad biyani, ram bimukh sut te hit jaani.」（許多母親生下兒子，但讓兒子爲崇高的理由獻出一生者，才稱得上眞正的母親。否則，她只是白白承受分娩之痛。期待從自私的兒子身上得到好處的母親，還不如不要生育。）

「薩爾瓦南達（Sarvananda）。今後你就是『薩爾瓦南達』斯瓦米。」他當場就爲我賜名。

我跪下來膜拜他。

「我會讓你成爲成就者。」他補上一句。

我雙手合十說：「謹遵巴巴之意。」

「你什麼都有了，只須雲遊一段時日。你生來就是要苦行的。」

我頓時充滿崇敬之情。

然而，我出家的日子延後了幾次，巴巴最後是在四月十一日爲我剃度出家。我剃了頭，脫下舊有的衣物，領了一套僧袍、一條纏腰布、我專屬的祕密梵咒和新的名字。但最重要的是，我得到了唯有出家僧才有的榮幸，可以正式發願道：「我自此棄絕塵世潛心修行。」

就像奶油在熱鍋上融化，這句話融化了我的心。就像露珠被朝陽一曬就蒸發不見，我腦袋裡的雜念化於無形，內心一片平靜。我感覺自己就像大雨過後的一棵樹，朝氣蓬勃、煥然一新。突然間，我知道了人生的目標、此生的意義；心裡再也沒有困惑。上師的祝福之光驅散我的七情六慾。現在，我也是屬於成就者的一員了。

神的顯靈，至上靈魂的顯靈，就是我要的一切。我渴望看到不滅本體（eternal essence）顯現，但渴望不等於準備好了。我以爲自己準備好了，但太初之母可不這麼認爲。祂知道我還有很長的路要走，而祂才是對的。

10 謹遵巴巴之意

我剃度次日，巴巴一身黑袍坐在地上，額頭上畫了三條橫線和一個小紅點合成的聖印（tripundra），一頭美麗的髮綹順著他的背放了下來。

房門打開，整修工人走進來，他們來要工資欠款。巴巴和工人們為此吵了起來，他突然對著他們破口大罵。我從來不曾見過一位修行人罵髒話，他愈罵愈兇，愈罵愈不堪入耳，我也愈聽愈震驚。工人們嚇得發抖，只得連忙離開。我茫茫然不知如何是好——我是該未經允許擅自離開呢？還是該坐在那裡等我的上師息怒呢？

妮琪端著一杯茶進來給巴巴時，我鬆了好大一口氣。她在他一旁坐下，他只是靜靜喝著茶。喝著喝著，他請我離開他的房間。我走出去，坐在一棵小樹的樹蔭下，我的思緒一團亂。我怎麼也想不到，我的上師、我尊敬的成就者，竟然知道那麼難聽的字眼，更別提在盛怒之下脫口而出了。我滿腹懷疑，納悶自己在這裡做什麼。我來對地方了嗎？我是不是做錯了？

我想不透巴巴六十五年來的苦修到底修了什麼，如果他隨隨便便就能像普通人一樣情緒失控。我旋即又很慚愧自己竟有這般想法，聖書上都說徒弟必須絕對服從上師。我告訴自己，他今天這種表現一定是有理由的，說不定是為了考驗我。

「巴烏吉叫你過去。」我抬起頭，看到妮琪站在那裡。我回到巴巴的房間，在他一旁坐下。

巴巴說：「別在意今天的事，有些人只能用棍子來對付。我現在老了，改不了自己的脾氣了。你只要別在我生氣時靠近我就行，因為場面可能變得很難看。」語畢，他就讓我退下了。

我又回去坐在那棵樹下。雖然我很震驚，但巴巴在我心目中的地位不減。他當了六十五年的苦行僧，而我才不過三十歲，我不認為自己有資格論斷他。如果我懷疑他，那我對他的敬意在哪裡？何況他沒有邀我或請我來當他的徒弟。這是我自己選的，我要爲自己的選擇負責。我告訴自己，我必須超越先入爲主的觀點，不要把我預設的想法加諸在巴巴身上，認爲我的上師就應該怎樣怎樣。我應該學著接受他本來的樣子，而且他要我怎麼樣，我就怎麼樣。

儘管我可以訓練自己這樣想，但我的身體就沒那麼逆來順受了。我發現自己很難適應這裡的飲食、生活條件和氣候。雪上加霜的是，精舍周邊都是黃金小麥田，而我對麩皮過敏。我的修行常常沒有效果，很多時候，我都氣喘吁吁、吸不到空氣。空氣中的花粉搞得我老是鼻塞，最終演變成很嚴重的支氣管炎，我每幾分鐘就要起身去吐痰。由於我早上和下午通常都坐在巴巴附近，所以我得走一段距離才能把痰吐掉。

巴巴習慣睡在外頭的一張木床上，我則把我的床墊鋪在他一旁凹凸不平的紅磚地上。所謂床墊，只是一層薄薄的棉花包在床單裡，我花了一段時間才適應睡在那上面。夜裡，我得不斷閃躲一種當地人稱之爲「庫特奇」（kutki）的昆蟲，庫特奇的意思是「刺痛」。跟蚊子不同，庫特奇不需要找到你的血管來吸血。只要是皮膚，牠高興從哪裡刺進去，就從哪裡刺進去。被牠咬過的地方，就會留下發癢、微腫的印子。巴巴有一頂堪用的蚊帳，足以把這些小蟲擋在蚊帳外，但我什麼也沒有。不管我怎麼蓋住自己，牠們還是有辦法鑽進來。第二天起床時，我身上總是這裡腫一塊、那裡腫一包。一天早上，我給巴巴看我被蟲咬的地方，問他我能否也弄一頂蚊帳來用，結果他叫我要堅強。

洗澡也不容易。因爲我不習慣那裡的水質，所以洗澡時我全身上下都在癢。我必須用手壓汲水器抽地下水來用，這讓我想起小時候我們家裡用的汲水器。這裡也有一台電動馬達，但僅供巴巴裝浴缸水之用，其他人都必須用那台手壓汲水器。

汲水不算什麼，我願意爲巴巴做盡一切。不管大事小事，我不想拿自己的問題去煩他。我希望自己帶給他的是喜悅，而不是壓力。此外，他已經夠忙的了，我不想再給他添亂。現在，除了女子學院之外，他也對外宣布要蓋一座廟。女子學院的奠基儀式請來的不是別人，正是廣受歡迎的瑜伽大師蘭德福巴巴（Baba Ramdev）。儘管已經破土動工了，但巴巴的資金不夠，村子裡都流傳說除非他賣掉一些土地，否則沒辦法完工。

我來到巴巴的精舍將近三星期後，有一天他把我叫去，向我吐露他對蓋廟和蓋學校的擔憂。他說，雖然他預計在不久的將來就會有資金到位，但他現在已經徹底破產了。我叫他別擔心，並向他保證我所有的一切都是他的。巴巴請我從戶頭裡提五十萬盧比出來，我告訴他，這個金額恐怕不夠，因為我們還需要買建材。於是他改口叫我提六十萬盧比，我依他的吩咐照做。

巴巴拿到錢很高興，說他卸下了心頭莫大的負擔，因為現在工程可以繼續下去了。他認為完工與否事關名譽，我告訴他，只要我在這裡一天，我就會用性命保護他的名譽。

但巴巴似乎不關心我的死活，很快地，我就被迫挨餓。把那筆錢給他的三天之後，事情就變得很蹊蹺。他叫我不准碰他的早餐牛奶，我一如往常回應道：「謹遵巴巴之意。」但我對他的吩咐很吃驚。截至目前為止，他每天早上都准許我從他的補給品中分一杯牛奶來喝，而一杯牛奶就是我的早餐。只喝牛奶很難專心修行，但我別無選擇。幸好我成功弄到定期供應的餅乾，早餐可以吃餅乾配牛奶。

我不禁納悶這是怎麼回事，巴巴又在考驗我了嗎？剃度次日，我就聽到他口出惡言；拿了我的錢三天之後，他就叫我別碰他的牛奶。我不知道自己要怎麼活下去，或怎麼做我的晨間修行。巴巴爲什麼這麼做?我心裡再次沒有答案,只有懷疑自己的上師所衍生的罪惡感。

我絞盡腦汁想著要去哪裡弄到牛奶,突然靈機一動想到薛西.穆尼,以前每天早上都有工人從村子裡送一公斤的牛奶來給他。我問薛西.穆尼可不可以也讓我買一些牛奶,他斷然拒絕道:「你要學著吃苦。」我既不意外也不難過,因爲這地方愈來愈像愛麗絲夢遊仙境,在這裡什麼莫名其妙的事情都有可能,而我就是愛麗絲。我打起精神,決定早上就吃餅乾配白開水,這種吃法餓不死我的。

薛西.穆尼的反應之所以不令人意外,還有另一個原因。村裡的人告訴我,在變成脾氣古怪的糟老頭之前,他就是一個憤世嫉俗的年輕人了。他曾是一家之主,家裡有四個孩子。巴巴在他三十五歲時要他棄世出家,並爲他舉行剃度儀式,如此一來,他才能全天候侍奉巴巴。他從來不想過苦行僧的生活,但他把一生獻給了他的上師。

如今來到七十七歲高齡,身邊沒人照顧他,他不只體弱多病,而且形同遭到遺棄,我很同情他。他曾告訴我,他覺得自己受到世人的剝削與背叛。在他有一個家、身爲一家之主的日子裡，他的人生好得多。現在，我可以明白他爲什麼不給我好日子過了。吃苦受難會造就兩種人：一種人變得慈悲、心軟，竭盡所能不讓別人受苦；另一種人則變得鐵石心腸、滿腹怨尤，恨不得別人跟他們吃一樣的苦。

我住在精舍的那段時日，薛西．穆尼的健康開始惡化。他決定回到妻兒身邊，暫時休息一下。在他離開之前，他拔掉瓦斯管，把瓦斯桶藏起來，但他留給我一罐小麥麵粉和扁豆。現在，我要煮飯唯一的辦法就是用煤油爐，煤油爐用起來既費力又耗時，我得找人幫忙才行。以前在那裡打掃校舍的阿姨答應幫我煮飯，而且她可以幫我做不含蔥蒜的料理。

蔥蒜被認爲是惰性食物，因爲它們容易讓人體產生暴戾和委靡之氣。在完成修行之前，我都應該避開諸如此類的食物。打掃阿姨告訴我，她每天只能過來一次，所以我決定把她煮好的食物分成兩份，一份當成午餐，一份當成晚餐。然而，她做的全麥烤餅嚐起來像在吃沙子。我們很快就發現，薛西．穆尼留下來的小麥麵粉是放了很久的一批麵粉，而且那批小麥在磨成粉之前沒有洗過，所以麵粉裡有很細的沙子，篩不掉也無法清洗。對於薛西．穆尼的慷慨餽贈，我不覺得惱怒，只覺啼笑皆非。

我用這種方式成功撐了將近一個月。我細嚼慢嚥地啃我的全麥烤餅，吃下夠我存活的份量。我能不能請人從市場多帶一些小麥麵粉給我呢？嗯，我向巴巴提過，但他只叫我別抱怨，他說吃那種麵粉吃不死我的。

一個月後，薛西．穆尼回來了。他叫我自己處理三餐事宜，他不想讓我在他房裡吃東西。我懷疑他想故意刁難我，逼我知難而退逃離這裡。但我是爲了太初之母和我的上師留在這裡，其他的一切都無關緊要。

由於我不能再到他的廚房煮東西，我就開始到別的地方覓食。我問工地的工人，結果他們很樂意和我分享食物。但他們吃得很辣，我只吃一口就足以導致胃食道逆流，因爲我向來吃得很清淡，甚至什麼調味料也不加。他們的烤餅是巨無霸烤餅，一片就相當於我的十片，當地人稱之爲帝卡爾（tikkar）。那麼厚的一片烤餅，我只會撕五分之一下來，小口小口慢慢啃。天可憐見，要他們專門爲我煮不含蔥蒜的料理並不容易。所以，幾天之後，我也不再去他們那裡蹭飯了。

這下子，什麼食物也沒有，我只得回去吃餅乾配白開水。我去找巴巴，懇求他給我一小塊煮飯做菜的空間，他說那不成問題，我可以在他的廚房裡煮東西。他叫我去弄來必要的食材，但必須把我和他的食材分開。我去朗傑．潘狄的家裡找他，他願意幫我安排瓦斯爐、瓦斯桶、餐具和其他東西。我興高采烈地回到精舍，我終於可以煮東西吃，幫我急遽衰退的身體補一補了，我已經掉了十五公斤多。

我拜倒在巴巴跟前，向他報告說我弄來廚具和餐具了，妮琪卻表示反對。巴巴回過頭來，說我不能在他的廚房裡煮東西吃，叫我在走廊上自己弄個廚房。我心裡很無助，但嘴巴上只說：「謹遵巴巴之意。」他接著告訴我，我們要出發去沃林達文（Vrindavan）見一位有名的斯瓦米，我可以回來之後再處理廚房的事。在我們啓程之前，妮琪跟巴巴說他的瓦斯用完了，於是巴巴請她用我的新瓦斯桶，直到他換新的瓦斯桶爲止。順帶一提，我的廚房最後沒有下文，因爲巴巴後來又叫我想別的辦法弄東西吃。

我們打包行李前往沃林達文，有幾個人也跟我們一起去。在沃林達文，巴巴碰巧看到一棟很棒的小屋，裡面配有各種便利的設施。他表達了想要一棟這種小屋的心願，他看著我，說這件事就交給我去辦，我向他一鞠躬。巴巴的預算大概在十萬盧比左右，但看看那些他想要的裝潢，我知道這棟小屋的造價少說也要兩倍。他說我是傻瓜，他花不到十萬就能搞定。我們一從沃林達文回來，他就派我去阿拉哈巴德（Allahabad），找懂得蓋永久茅草建築的專家。我去見了這些專家，他們報價二十五萬盧比。巴巴吩咐我從銀行提三十萬盧比出來，完成這個建案。

除了監工小屋，我也被分配到其他任務。巴巴定期派我到村子裡，在難耐的高溫下挨家挨戶宣傳他那所小學，幸好有人騎摩托車載我去。再來，巴巴還請我到他的小學教英文。我把小朋友分成兩組來教，但我發現我的體力不堪負荷，因爲只靠餅乾和白開水過活，我總是欲振乏力。

巴巴也要我爲女子學院和廟宇的工程監工；此外，他任命我管理那所全英語小學的財務；最後，他又要我負全責管理他辦的學院和小學。對於每一個命令，我的答覆都是「謹遵巴巴之意」。我希望自己能摸著良心說：身爲一個眞正的徒弟，我爲巴巴做盡了一切；我要全心全意效忠巴巴，否則我拜他爲師就沒有意義。

與此同時，外在環境持續考驗著我。一天夜裡，我睡在地上，右肩突然把我痛醒。我習慣隨身帶一支手電筒，因為當時正值溽暑，各式各樣的蛇蠍都跑出來到處溜達。我用手電筒照了照我躺著的地方，正巧看見一隻蠍子匆忙逃走。我的右肩痛得不得了，就像有人拿一塊燃燒的煤炭燙我。就在這時，可能因為蠍子的毒液，我忍不住拉在褲子上。我知道薛西．穆尼可能有治療蠍子毒液的藥，我得立刻去找他，但我也得趕到廁所去。這種兩難的處境還真詭異。

幸好，我睡覺時旁邊總是放著一瓶水，因為汲水器離我有一段距離。打從來到精舍，我都到野外解決。現在，我三步併作兩步跑到那裡。雖然學校裡有廁所，但我不被准許使用，何況學校大門在夜裡都會上鎖。朝野外跑去的路上，我經過的地上有一個個看起來像蛇窟的大洞。

忙完之後，我去把潘迪叫醒。潘迪睡在薛西．穆尼的房間外面，他把藥給我。那是一種順勢療法的藥方，對舒緩疼痛和灼熱的感覺毫無作用，我不知道它對毒液有沒有效。

我回來睡在地上。無意間，我把兩本用來當枕頭的書拿了起來，看到底下有一隻蠍子。我不知道這是別隻蠍子，還是跟剛才同一隻。我決心不殺生，只用一塊布趕走牠。如果我注定要被蠍子螫，那我就算殺掉一千隻蠍子，還是會有第一千零一隻找上門來。我靜悄悄地把蠍子弄走，以免吵醒周圍的人。無論如何，我沒死。如果蠍子螫了你的血管，你大有可能一命嗚呼。我碰到的這隻蠍子還算好心，牠只是吻了我的肩膀一下。

第二天，巴巴叫我別睡地上了。他說：「從學校搬兩張長凳過來，拼成一張床吧，你就可以睡在上面了。」我說：「謹遵巴巴之意。」現在，我逃離蠍子的魔爪了，但蚊子還是不放過我。只要把自己全身上下包起來，蚊子就叮不到我了，但巴巴不准我穿任何縫製而成的衣裳，只准我穿非縫製的僧袍。巴巴總說：「眞正的出家人穿的袍子不該是縫製而成的。」我已經開始懷疑，服裝、標誌、符號乃至於宗教信仰，跟開悟與否都沒有半點關係。但無論如何，我不會跟我的上師頂嘴。

我的健康和安危，這裡的環境和生活條件，別人對我尊不尊重、禮不禮貌，我都不是眞的很在意。我的身體因此不舒服，但我可以鍛鍊自己去適應。我在這裡的目的更重要。我之所以留下來，是因爲巴巴收我爲徒，並承諾他會教我吉祥明（Sri Vidya）派的祕密儀式，亦即密續敬拜太初之母的法門。他保證會訓練我，而我則向自己保證：無論神要我接受什麼考驗，我都不會半途而廢，我會堅持到學成的那一天爲止。沒有巴巴的指點，我的修行不會有進展，我想見神的心願不會有實現的一天。當然，這也就是我一開始爲什麼要尋訪明師。

此外，我明白在這裡的點點滴滴都是人生的一課，人生每時每刻都在爲我上課。在巴巴的精舍，我學到最重要的一課，就是我「不」想成爲什麼樣的瑜伽士。

就在我等待自己的修行正式展開之際，村裡的人開始跑來精舍拜訪我。畢竟，我是一位從澳洲拿到工商管理碩士學位的苦行僧，消息不脛而走。不過，很多時候大家只想知道怎麼拿到去澳洲的簽證。我但願能完全斷絕人際上的往來互動，但我沒辦法避開這些人。我愈來愈清楚地意識到，在這裡要專心致志密集修行是不可能的。事實上，別說有個修行的地方了，我連個休息的地方也沒有。

白天，太陽噴出烈焰，我會坐在那不能住人的茅草屋陰影下，有蠍子與我作伴。不過，這回我跟蠍子說，我不會傷害牠們，所以請牠們也不要打擾我，結果我在那棟茅草屋從來沒有被蠍子螫過。有時候，牠們會失手從屋頂上掉下來，你會聽到牠們砰一聲落地，但牠們不曾破壞和平協定。

我在精舍的一天開始得很早。我習慣凌晨四點起床，拎著水桶從我的房間走到汲水器那裡，途中必須經過一條狹窄的通道，這條通道的一旁是灌木叢，另一旁是樹林。夜裡，蜘蛛會在灌木叢和樹林間結網，你一不小心就會撲得一臉蜘蛛絲。到了汲水器，我會沖個澡，把袍子洗一洗，換上乾淨的袍子，再借助手電筒和小鏡子，往自己的額頭抹上紅點。

接下來，我會把精舍裡裡外外打掃一遍，因爲巴巴就快起床了，我想讓他隨時擁有乾淨的環境。打掃之際，我會一邊誦唸太初之母的聖名。巴巴往往在當天或之後某天有一些待辦事項，我一打掃完就會去寫下他的指示。我的一天總是行程滿檔，在學校任職和任教，爲巴巴的小屋、廟宇及學院監工和管理財務，連帶還有學校的宣傳活動，這些事情幾乎占去我所有時間。有一天，巴巴建議我夜裡修行、白天工作，他補充說學校一放學，我就可以睡一點覺。

巴巴把一應事務都交給我操辦時，他說：「我每天大大小小的事情就靠你處理了，因爲我控制不了自己的脾氣。」我訝異的不是我的上師終日忙於俗務（他做這些多半是爲了造福別人），而是他多數時候都滿腔怒火、滿腹苦水。換作是別人，我還不至於那麼訝異，但他是巴巴欸！巴巴畢竟不是一般的修行人，他苦修了大半輩子。他是那伽聖僧，也是吉祥明教派的信徒，長久以來都供奉化身爲特里普拉・桑達瑞女神（Goddess Tripura Sundari）❶的太初之母。有十二年的時間，他都住在瓦拉納西的一座火葬場，追隨名叫哈里南・達斯・阿哥里（Harinam Das Aghori）的成就者，在這位大師的指導下舉行各種儀式。不只在那裡，還有在山林、偏遠的廟裡和完全與世隔絕的地方，他修過許許多多的密續法門。事實上，巴巴修遍了密續五個派別的法門。

這些法門是求道者用密續達至開悟的快捷之道，包括：右道性力派（dakshinachara）；左道性力派（vamachara）；濕婆教徒從喀什米爾（Kashmir）傳入的時輪派（kaulachara），此派強調濕婆男神和夏克提女神的結合；禁止與女性伴侶性交的律儀派（samayachara），在此派中，敬拜太初之母的原始能量，從體內肚臍上方下降至較低的脈輪；以及允許求道者視情況和階段綜合各種法門的綜合派（mishrachara）。

左道性力派和時輪派的法門，幾乎都涉及與異性伴侶的性愛結合及儀式。相形之下，右道性力派和律儀派強調完全禁慾，綜合派則可在上師的同意下性交。這五種密續法門源自《阿闥婆吠陀》（*Atharva Veda*），亦即四大吠陀經的第四部。

巴巴也在沃林達文花了將近二十年，以密續的方式拜奎師那。吠陀認爲奎師那是至上靈魂（paramatma），人類則爲個體靈魂（jivatma），所以，吠陀的功法涉及對奎師那的外在敬拜，具體的做法則是吟頌祂的名字、謳歌祂的榮耀、裝飾祂的神像，以及背誦《薄伽梵歌》。吠陀主張信徒在死後會與奎師那合而爲一。

密續著重的則是對奎師那的內在敬拜。密續修行者不想等到死後再來結合，他們想趁自己的靈魂還在身體裡時就和至上靈魂結合。這麼做需要完全棄絕社會化的是非觀念，因爲密續修行者可能要參與不見容於社會的儀式。但密續主張，爲了在萬事萬物中經歷神、看見神，你必須無所畏懼，你必須淡然面對和經歷一切處境，絲毫不爲所動。密續敬拜奎師那的方式，是要透過拉達女神（Radha）召喚他永恆的伴侶夏克提。

❶詳見本書第十二章。

巴巴不曾談過他在各種功法上的成功，或他到底完成這些修行了沒有。但除了過去幾年忙於擴大精舍規模以外，他終其一生都在苦修。他在首屈一指的密續修行勝地卡馬克雅（Kamakhya）待了八年。除了苦練哈達瑜伽，他也練過一些別的密法，包括五火法（pancha-agni-dhoona）——修行者畫一個圈坐在中間，沿著圓周在四個方位點一把火；太陽是第五把火，在天上熊熊燃燒。在炎熱的盛夏，巴巴會從正午到下午四點練五火法，一連練上四十天。五火法讓修行者完全掌握體內的火元素。

到了雨季，巴巴練的則是水行法（jala vihara），這段期間，他只生活在一棵樹底下。冬天，他坐在漏水的瓶子底下練水流法（jala dhara），瓶裡流出的是冰水。從午夜到凌晨四點，他會赤身裸體地坐著，任由一〇八瓶水當頭澆下。這兩種方法幫助求道者完全掌握體內的水元素。巴巴也做過站立修行（khadeshwari sadhana），一連九年都不曾坐下。四十多年來，他都吃無麩質的水果餐（phalahara），打從開始採取這種特殊的飲食法以來，他就只喝來自恆河的水。他獲封「密續沙末賴」（tantra samrat）的頭銜，意思是「密續修行之王」，頒給他這個頭銜的是密續修行者的菁英組織。

文獻上記載的密續功法，沒有一個是巴巴沒練過的，整體而言，他的成就堪稱不同凡響。然而，修來修去，練來練去，巴巴還是一個脾氣暴躁的人。看著他，我學到很重要的一課：宗教、宗教儀式和各種功法都不能撫平一顆躁動的心，因爲重點不在於徒有其表的儀式或修行，而在於這一切是怎麼完成的，你又是懷著什麼意念和心緒去完成。最重要的是，性靈的提升有賴於一個人對自我、恐懼、既定模式和所受制約下苦功。外在的敬拜不保證修行者能超越小我或憤怒、仇恨、內疚等「負面」狀態。事實上，在巴巴的精舍，我發覺表面上愈虔誠的信徒就愈僵化、狹隘和自我中心。

目睹我在那裡日復一日的例行公事，周遭每個人都覺得我好傻好天眞。他們以爲我渾然不知自己受到什麼待遇，或許他們是對的，我是眞的太天眞。

有一次，朗傑．潘狄說：「你在這裡受盡了利用。」

「我知道，朗傑。但說眞的，我必須只著眼於自己的業報，而不是別人的業報。把眼光放遠來看，到頭來別人只是我成長的媒介或觸媒，我在這裡只是一種學習。而且，我想要無條件盡我對上師的責任。」

「你要讓他們一直利用下去嗎？」

「到了巴巴承諾的日子，如果我的修行還沒個影兒，我就會走人了。但只要我還留在這裡，我就會有徒弟該有的樣子。」

說實話，對我而言，要走要留不是絕對的決定。若不是巴巴有兩個那麼衝突的對立面，要我做出決定就會容易一些。一方面，他表現出一副沒有慈悲心、不在乎我死活的樣子，只關心他的建案。他一再食言，不斷延後開始帶我修行的日期。身爲上師，他就像任何一個普通人一樣發脾氣、飆髒話，難得跟我有什麼精神或哲學上的對談。

另一方面，他是一位偉大的密續修行者，歷經數十年非比尋常的苦修，過著簡約的生活，說起話來無所畏懼。他是收我爲徒的上師，他保證會帶我修行、爲我指點迷津。我要相信、仰賴他的哪一面呢？而我又有什麼資格論斷我的上師呢？

11 狗樣的日子

十一歲時，我抱了一隻可愛的小狗回家，並爲牠取名洛基。原來的飼主說牠是土狗和德國牧羊犬的混種，其他人說牠就只是一隻野狗罷了。無論如何，牠都是一隻神奇的動物。來到我們家時，牠才幾天大，後來將近十年，牠都是我們家的一份子。牠有很美的白色胸膛和米色身軀，還有一身絲滑、柔軟的皮毛。牠總是很靈敏也很警覺，稍微有一點聲響，耳朵就會豎得直挺挺的。

遛狗時，我們手裡會拿一塊麵包，以便控制洛基。否則牠就會跑去追流浪狗，或隨心所欲拖著我們到處跑，彷彿是牠在遛我們似的。麵包的味道是唯一能夠收服牠的東西，但還不是什麼麵包都可以，牠偏好某一種當天現烤的果乾麵包。

每當我們在吃飯的時候，牠就會坐在一旁盯著我們的食物，逼得我們不得不跟牠分享。但只給一片烤餅可不夠，我們還得加一點咖哩、酸黃瓜和優格。除了紅蘿蔔以外，我們煮什麼，牠就想吃一樣的。人狗關係很簡單：我們愛牠，牠愛我們。

有一次，我和巴巴坐在一起時，妮琪端了他的食物過來。那道餐點是以大量手工自製的酥油煮成，空氣中瀰漫著香菜、薑黃、孜然、老薑等辛香料濃郁的味道和酥油的香氣，我不禁口水直流。但巴巴吃飯時向來不喜歡旁邊有人，所以我準備起身離開，但卻發現自己站不起來。在當下，食物激起的感官感受比我的意志更強烈。我好想吃一口。

我不禁想起洛基。我就像牠一樣，垂涎三尺地望著食物，彷彿我的性命就寄託在這盤食物上。我希望巴巴可憐可憐我，甚至賞我一塊烤餅吃。又或者，知道我只靠餅乾和白開水勉強過活，他會心軟跟我分享食物。追隨他的那段時日，我對他奉獻到底，或許我的精神能感動他，讓他賞我一口飯吃。但我希望的一切都沒有發生，他忙著大啖他的美食，連我離開了都沒察覺。

就在這時，我體認到我對他的敬愛融化不了他，我對他的奉獻全是徒勞。我所有的錢財幾乎耗盡，已經沒有東西可以給他了。同時，我也有另一層領悟：發生在你身上的事，不見得跟你是什麼樣的人有關，也不見得跟你能付出些什麼有關，而是跟另一個人想要什麼有關。

基本上，你不能贏得他人的心，如果這個人根本沒想跟你交心。這不是說他就不想得到愛與奉獻，他也有情感的需求，只不過他的滿足不是來自於你，他把他的情感放在別的地方了。你想當他的寵物，他只把你看成一條狗，說不定還是條看門狗。你對他忠心耿耿，但他對你毫無顧惜之情。他從你身上輕易得到一切，所以你在他眼裡或許就沒有價值了。諷刺的是，如果你不想被視爲理所當然，如果你拒絕繼續付出，他還惱羞成怒呢。

＊＊＊

有一天，巴巴在別村的信徒邀他去作客，他答應會過去，此時他的司機卻不知去向。原來司機請了兩天假，但已經過了許多天都沒回來。誰要載巴巴過去成了大問題，除了我之外，精舍就沒人會開車。巴巴不肯坐計程車過去，他想坐他自己的豐田 Innova。我提議載他過去，他卻說：「你是僧侶，不是司機。符合你身分的事，我才會叫你去做。」

隨著日子越來越接近，巴巴每晚都提起這件事。我什麼也沒說，因爲他已經表示不要我開車了。然而，我很不願看他操這種心，何況載他過去實在是小事一樁。有一天，他終於坦白說他不放心坐我開的車。顯然，在這座村子裡，會開車是一件大事，我都不知道印度還存在這種窮鄉僻壤。

我曾開著我的保時捷，超速馳騁在狂風呼嘯的一號公路上，從蒙特雷的海灘飆到洛杉磯；也曾以老牛拖車的速度，行駛在美國東岸的公路上。從奧克蘭到奧勒岡，從雪梨到舊金山，從威爾斯到威靈頓，我行遍世界各地大城小鎮的道路。我能把車子擠進最狹窄的停車位，而且頗以自己的技術爲豪。不管是幾線道的馬路，也不管周遭的交通狀況，我勇猛無畏地切換車道。村子裡的道路能有多複雜？我不禁覺得有點好笑。

巴巴又提起這件事時，我再次提議載他過去。他用博吉普爾語對我說：「Abe tu bakland hi raha」他這是用很難聽的字眼在說我這個白痴，一直搞不懂狀況。我聽了垂下頭來，雖然巴巴罵人不是什麼稀奇事，但這還是他第一次對我口出惡言。他立刻軟化下來，打手勢要妮琪去拿一包餅乾過來。他打開包裝，賞了我兩片餅乾。

去別村拜訪的日子到了，但司機還是不見蹤影。巴巴別無選擇，那座村子很遠，大約離我們這裡三十公里。最後，巴巴還是請我載他過去了。一路上，巴巴似乎很滿意我的駕駛技術，甚至對車上其他人說：「這孩子開車開得比潘迪司機還好。」語畢，他對我揮一下手說：「慢慢開就好了。」

抵達那位信徒的村子以後，我們發現他在屋外搭了一座棚子。巴巴坐在特別爲他裝飾過的台子上，就在我要去坐在地上時，主辦人拿了椅子給我。我看看巴巴，他點點頭，我這才坐下。這是我第一次在巴巴面前有椅子可坐，我猜他之所以准我坐在椅子上，是因爲他的台子還是比我的椅子高。

巴巴會講幾句英文，事實上，他把現在不定式學得很透徹。當他難得摺一點英文時，我從來不曾聽他用過別的時態。他在眾人面前問我：「Bhhaat iz tha dipherence bhitwhin

Indiaan and phaaran khulture？」❶我笑了笑，開始以印度語作答，但他卻請我說英文。我覺得蠻奇怪的，因爲在座的人都不諳英文。不過，既然巴巴吩咐我這麼做，我就說了幾個英文字。接著，他請我到台上用英文談西方文化。我步上講台，講了幾句英文就切換到印度語，針對精神上的追求暢談三十分鐘。巴巴也發表了演說，這是一場很有趣的活動。

之後，我們受邀到主辦人家中吃飯，他們在地上鋪了一塊布讓我們坐。我們吃了用酥油炸的脆球餅、美味的南瓜咖哩、鷹嘴豆、檸檬芒果泡菜、醋泡薑、新鮮優格混香料做成的薄荷醬，以及瓠瓜泥。我情不自禁大吃特吃，幾個月以來，這是我第一次吃到像樣的一餐。他們也請我們吃芒果，我興高采烈地拿了一顆。他們問我還想不想再來一顆，我高興得猛點頭。

吃著吃著，我竟然有點悲從中來，以前我從來不曾像今天一樣珍惜過一頓飯。我吃東西向來很挑剔，也或許我把唾手可得的美食視爲理所當然。我總認爲我的人生有個偉大的目標，而且很自信沒什麼是我做不到的。我相信自己高人一等，如果讓我實話實說，我以爲自己很特別。如今我淪落到什麼地步了？

瞧瞧我，在地上和別人排排坐，把我的飯菜吃個精光，如饑似渴地等著我的第二顆芒果。我還以爲自己是僧侶，結果實際上我是乞丐。跟僧侶不同，乞丐只受不施，甚至連賜福給施主都沒有，我沒有什麼東西可以回報給東道主。我默默啜泣起來，幾滴眼淚掉進我的飯碗裡。有人遞來一顆芒果給我時，我頭也不抬地伸出雙手去接。

乞丐的形象在我眼前閃過：無精打采、衣衫襤褸、又髒又臭、吊兒郎當、恍恍惚惚、陰沉、怪異、瘋瘋癲癲的乞丐。今天，我就是他們的一分子。我等待食物時的急切心情，我吃飯時對食物的佔有慾，我對芒果的飢渴——我的需求跟乞丐有什麼兩樣？我現在懂得乞丐爲什麼找到食物就狼吞虎嚥，就算是很難吃的食物。突然間，我懂得身爲他們的一分子是什麼感覺，並實際體會到什麼叫做「別無選擇」。

❶現在不定式即現在簡單式，為英文中最簡單基本的時態，作者暗指巴巴不懂英文難度較高的時態變化。巴巴此句為帶有印度口音的「What is the difference between Indian culture and other culture ?」，文法上即屬現在不定式，意思則為「印度文化和其他文化的差異是什麼?」。

回程途中，我暫時從乞丐提升到司機的地位。一回到精舍，巴巴就說他很累，我提議幫他按腳。他睡著時，時間將近晚上十點，我繼續幫他按摩。過了好一會兒，我的背越來越僵，因爲他躺著的床上搭了蚊帳，我得彎著身體把手伸進蚊帳幫他按腳。不知過了幾小時，巴巴突然醒過來，問我在那裡做什麼。我說我在幫他按腳，他叫我去睡覺，說完他就翻個身又睡著了。

我朝他一拜，然後就速速鋪好床鋪躺下，能夠把背伸直的感覺眞舒服。那是一個寧靜的夜，就像這裡多數的夜晚一樣，滿天星斗，微風陣陣，蟋蟀的鳴叫莫名舒心。感覺起來，就彷彿大自然自己也在休息。巴巴輕聲打鼾，而睡眠女神妮德拉（Nidra Devi）一定是伸出祂的手來拍哄我了，因爲我在祂的懷中沉沉睡去。本來我都凌晨四點起床，但那晚我睡過頭，晚了半小時才醒。

第二天，巴巴把我叫到他的房間。幾分鐘後，其他幾個人也過來加入我們。眾人說起閒話，我坐在那裡，置身事外般，不想參與談話。在我一旁放了一本有關詩人迦比爾的書，那是我在瓦拉納西買的，被巴巴借去看。我拿起那本書，心想與其聽旁人言不及義，不如打開聖賢書來讀。才把書拿起來，我的右手拇指下方就傳來一陣熟悉的劇痛。還沒回過神來，我就看到一隻巴掌大的蠍子爬走，原來牠藏在書本裡。房裡另外兩個人看到牠，立刻把牠打死，我很爲那隻蠍子難過。

你爲什麼要破壞和平協定呢？我問那隻死掉的蠍子。當然，牠沒有答話。或許我們的協定是有地域性的，所以僅限於那間茅屋。又或許這是神的旨意，無論如何，我對發生在我身上的一切逆來順受。我的手掌頓時瘀了一塊，轉眼就腫了起來。有個名叫桑傑的年輕人正在幫巴巴按腳，巴巴吩咐他騎腳踏車送我去醫院。

那裡的醫生採取的是順勢療法，但他也做其他各式各樣的治療。他的診所人滿爲患，裡面的氣氛讓我想起小時候看過的獸醫診所。一個破簍子裡裝滿用過的針筒、髒掉的繃帶、空藥袋，乃至於其他醫療廢棄物。

在光禿禿的木板床上，病人們或坐或臥，每個人都掛著點滴。醫生過來跟我說：「別擔心，我會親自幫你打針。」他顯然不想把我丟給他的助手處置。他試著在蠍子螫傷的地方下針，但針沒打好，只扎得我很痛。他又試一次，這次他的動作很突然也很迅速，我痛得幾乎哀嚎起來。我一開始就不是很想打針，因爲他打的只是止痛劑，不是解毒劑。然而，來接受醫生診治是巴巴的命令。朗傑不久後就來了，他把我帶回精舍。

幾小時後，我的病情變得很嚴重。我不只發燒、嘔吐，打針的地方還一片青紫。感謝老天讓我胃口全無，因爲我沒東西可吃，就連平常放在茅草屋的餅乾都被田鼠偷襲了。我就這樣難受了兩天，巴巴爲我反常的表現責備我，怪我不笑也不和別人互動。最後，他注意到我眞的病了，結果又訓斥我一通，說我不夠堅強。事實上，看到我的狀況，他已經緊張起來了。

朗傑晚上過來，看到我發炎腫起的手，也看到我一副骨瘦如柴的模樣。嘔吐再加上過去幾天都沒進食，我的病容現在更是顯而易見。他警覺地摸摸我的體溫，摸完就跟巴巴說我要立刻接受治療才行，他想帶我去他在村裡開的醫院。

「帶他走吧。」巴巴聽起來很沮喪。朗傑連忙送我去給他太太范妮醫生看。范妮是婦產科醫生，她速速幫我做完檢查，問我有沒有對任何藥物過敏，接著就著手幫我吊點滴打抗生素。

「我希望妳給我打的不是妊娠相關藥物。」我開玩笑道。

她聽了有點緊張地說：「不是的，我也懂內科的診治。」

她說著把藥劑拿給我看。

「妳知道，我只是想確保明天妳不會要我住院生孩子。」

我們全都笑了。笑一笑的感覺眞不錯，感覺比較像個人。我好一陣子都沒笑過了。

點滴吊了幾分鐘後，我突然覺得胸口一緊，沒辦法呼吸。我沒帶我的支氣管擴張劑吸入器。我向來去哪裡都隨身攜帶，但我們來得太匆忙，完全忘了這回事。我拚命掙扎，想把空氣從我的喉嚨擠出去。我氣喘如牛，試圖大口吸氣，甚至試著深呼吸，但都沒有用。

范妮醫生又更緊張了。

這裡是偏鄉，時間將近晚上九點，商店都已關門。由於范妮醫生不是氣喘專科醫生，她這裡沒有吸入器或任何藥物能緩和我的痛苦，朗傑和我決定回精舍去拿吸入器。他的司機已經下班了，而他本身不會開車，所以他騎腳踏車載我。外頭一直在下雨，朗傑千辛萬苦載我回精舍的途中，我們還得跟一群又一群的昆蟲對抗。八公里的距離感覺像沒有盡頭，我都不知道自己要怎麼捱過去。

我們趕抵精舍時，巴巴正和一些人坐在外面。雖然很艱難，但我一如往常跪下來膜拜他。他問了一個問題，我聽都聽不見，更別說要做出回應了。我沒辦法說話，只顧跑去拿我的吸入器。少說吸了十口藥劑之後，我覺得頭昏腦脹，但過一會兒就開始好轉了。回到其他人那裡時，我聽到朗傑在跟巴巴說我的健康狀況。我爲了剛才沒回答巴巴的問題向他致歉。「你走吧，離開這裡，先把身體養好，再來找我談。」他聽起來既失望又生氣。

即使我在這裡過得很苦，這段日子還是很值得，因爲每一件事對我虛幻的存在都是又一次的打擊，每一個經驗都在小我的硬殼上鑿出更多裂縫。別人怎麼待你，最終你就會有什麼感覺。他們不把我當一回事，我就開始覺得自己什麼也不是。

我再次向巴巴一鞠躬，朗傑就載我回他家去了。我洗了澡，范妮醫生簡單煮了一頓飯給我吃。這是我最後一次爲了有飯吃受盡苦頭。我出院以後，她每天做兩個便當給我，裡頭有咖哩、鬆軟的烤餅和甜點。她誠心誠意爲我料理食物，我吃得很營養。她也每天送新鮮的優格和兩顆芒果給我，在管理醫院和照顧家庭之間，她還是擠出時間來每天爲我煮東西。朗傑一天來回兩次送餐給我，如果不是有這兩位天使，我在巴巴那裡恐怕活不下來。

話雖如此，在這裡每過一天，我的日子都沒有變得比較好過，我最在意的還是沒有一個容我修行的環境。我捨下一切，因爲我想找到自己，我想和神合而爲一。我厭倦了書本和空談，我渴望親身經歷什麼叫開悟。但如今我淪落至此，和一群龍蛇雜處的人共同生活，絲毫沒有多靠近我的目標一點。我的親朋好友爲我擔心，他們不知道我人在哪裡、在做什麼，或過得怎麼樣。我沒有在做本來打算要做的事，我違背當初離開他們的原因，我覺得自己對他們極不公平。

我終於對自己承認在這裡只是浪費時間。巴巴的幾個建案來到尾聲，他不再需要我了。從購買蓋廟的石材到蓋他要的茅屋，我已經一樣樣完成清單上的待辦事項。他也不是眞的需要我的敬愛或奉獻，不管我給他什麼，他似乎都不高興。我不想求他在心裡給我留一個位置。我不想苦苦爭取跪在他腳邊的機會，我已盡了人事，他要我做什麼，我就做什麼，但還是打動不了他。

那年，向上師表達感激的導師節（Guru Purnima）落在七月二十七日這一天。導師節的日子就快到了，巴巴答應從那天以後就開始帶我修行。我應該要採買一些密續儀式所需的物品，但他從來不曾向我說明要買些什麼。我已暗自決定，要是導師節過後還不開始我的修行，那我就要離開精舍了。若是不在滿月之日開始修行，那就代表我得再等一個月。我連一刻鐘都不想再浪費，我知道時間有多寶貴。我看過好時光，也看過壞時光。我有過舒服的日子，也有過痛苦的日子。

導師節那天，巴巴和我去了瓦拉納西。他在印度各地的信徒爲了見他本人都聚到那裡去了，但他沒有要發表談話。他在全盛時期是遠近馳名的密續修行者，這些信徒從那時起就認識他了。巴巴沒對他們大呼小叫，也沒對他們飆髒話。相反地，他和他們有說有笑。一整天下來，不斷有信徒想找時間跟他談他們的問題。

瓦拉納西不再吸引我。我問自己：在這些吵鬧、擁擠的街道之間，在滿地的垃圾和混亂當中，有可能找到神嗎？開悟的那一刻，會是在這裡發生嗎？有時候，我覺得神早就拋棄瓦拉納西了。這裡沒有祂的蹤影，廟宇裡沒有，祭司、當地人或朝聖者身上也沒有。這裡盛行的是照本宣科、枯燥乏味的知識。

巴巴決定要在瓦拉納西待久一點，我斷定我的修行是無望了。傍晚，他把我叫到他房間。他的房裡高朋滿座，他叫我用旁遮普語跟一個錫克人講話——他要我說個笑話給那個人聽，我絞盡腦汁也想不出有什麼笑話可說。巴巴想知道我爲什麼不笑，也不跟人往來。我默而不答，我已無話可說，他很清楚我心裡在想什麼。他曾告訴我，他自己不曾見過神，但要見到神是有可能的，我一直都相信他。無論這種可能性有多大，無論需要做些什麼，我都迫不及待去做，甚至心甘情願爲此放棄我的人生。不知爲什麼，我的安靜惹惱他了，他突然脫口而出：「Khushi se rehna ho toh raho, nahin toh jaake Ma…」（如果你可以過得快快樂樂，那很好，否則就操你媽的屄……）

除了巴巴之外，我這一生如果還景仰過任何人，那就是我的母親。聽到他說這種話，我對他的最後一點情分都不剩了，我恨自己居然讓他說完這句話。我對他沒有絲毫憤怒，只有失望和幻滅。我跪下來朝他一拜，拜完轉身就走。巴巴或許意識到自己在不經意間說了什麼，因爲他很快就把我叫住，要給我點心吃，但什麼都挽回不了他剛剛所說的話。

第二天早上，有些信徒要回村子裡，車上也載了巴巴的東西。我告訴他，我得去銀行一趟，爲此我必須先回精舍，拿保險箱的鑰匙，我說過幾小時就回來。我說的其實只有一半是實話，我確實要去銀行，但沒打算回來了。這是我第一次對我的上師說謊，但也是最後一次。我從那輛車上跟人借了手機打給朗傑，直到現在，我都還會背他的電話號碼。我請他找司機開車載他，到巴巴在村子裡的精舍來接我。

「你還好嗎？」我聽得出朗傑語氣裡的擔憂。

「沒事，別擔心。」

我寫了一封信給巴巴，並把信留給朗傑轉交。曾經，我用這種方式離開家人。現在，我要用一樣的方式離開我的上師。我問朗傑，巴巴有沒有可能對他不利？他叫我不要有任何壓力，怎麼做對我好就怎麼做。之前我留過一點錢給朗傑，他問我現在缺不缺錢。我點點頭。

他連忙跑去銀行把那筆錢領出來，范妮醫生趁這段時間爲我煮了一頓美味的佳餚。我吃飯時，她在一旁落淚。朗傑和范妮醫生很高興看我掙脫困局，但又捨不得送我走。他們和我不是陌路人，而是血脈相連的手足。他們對我的付出舉世無雙。

我決定離開精舍，搭火車到赫爾德瓦爾，接著再轉車到喜馬拉雅山。一直以來，那裡都深深吸引著我，說不定我前世去過那裡。朗傑去幫我訂車票，我則去了瓦拉納西的銀行一趟。我身上沒幾個錢，得多帶一點盤纏才行。我發現在其中一個閒置不用的戶頭中還有二十萬盧比，便把這筆錢轉到我常用的戶頭。我當初離家時，因為處於鎖定期而不能清算的一些投資，後來產生股息，我的修行生涯突然就不缺錢了。我把頭髮和鬍子剃乾淨，看看鏡中的自己，我都不敢相信這個人是我，感覺就好像看著別人一樣。我看起來虛弱、憔悴又狼狽，但我的精神完好如初。

前往喜馬拉雅山途中，我抬頭望著天空，審視自己的內心。我說：「喔，神啊，喔，太初之母啊，祢們如果眞的存在，請聽我的祈求。從今往後，我再也不會去敲任何一個人的門，我再也不向任何上師或傳道人尋求解答。如果祢們眞的存在，請祢們在我面前顯靈，不然我就自己修行到死。如果我確定祢們不存在，那我就會走遍世界各地，叫世人不要浪費時間在祢們身上。我會跟他們說，這世上沒有神。」

過去三十年的人生，我所知、所有的一切盡皆不復存在。四個月前，我撕掉各種定義我的標籤，但直到現在，我才眞切感受到自己什麼也不是。就身分而言，我不再是執行長或百萬富翁；我既不是澳洲人，也不是印度人；我甚至不是誰的徒弟，也稱不上是苦行僧。我終於體認到這一切，因爲我發現自己眞的什麼也不是。這就是追隨巴巴帶給我的影響：這段經歷清空我的一切。而唯有當你空空如也時，才能開始被塡滿。現在，我的杯子空了。

這些年的人生只是在做準備而已。而這一次，感覺就像海裡的一道波浪、空中的一朵浮雲、瀑布旁的一團霧氣，來無影，去無蹤。現在，我再也沒什麼可失去，就連一個上師也沒有。我準備好要直奔萬事萬物的源頭了。

12 洞穴生活

上午時分，我在赫爾德瓦爾火車站下車，轉搭巴士到巴德里納，這是喜馬拉雅山北麓最後一塊有人居住的地區。由於大雨的緣故，一路上有多處障礙和坍方。坐在巴士裡，行駛在狂風陣陣的路上，這個夜晚累得我渾身虛脫。雪上加霜的是，我一整天都沒吃什麼東西，因爲我找不到不含蔥蒜的食物。誠然，人在旅途上，有得吃卻拒吃實爲不智之舉。堅持原則和失去平衡之間只有一線之隔，是我沒想清楚界線何在。

因爲沿路碰到的障礙，巴士誤點將近四小時。我在查莫利下車，距離預定的喬斯希馬特那一站尚有五十公里。我住進一間旅館，累到沒力氣吃飯，洗過澡就直接倒頭大睡。第二天早上，我和人共乘計程車到喬斯希馬特，車上大概還擠進了另外十個人。

在喬斯希馬特，我跳上另一輛共乘計程車。車上一位年輕乘客直盯著我，我摸摸自己的臉，想說臉上是不是有什麼東西。一會兒過後，他對我笑了笑，我也回他一笑。又過了一會兒，他稱讚我散發神聖的光輝。他問我是不是要去巴德里納，如果是的話，我要住在哪裡。我說我還沒打算，哪裡有得住就住哪裡。他慷慨邀我去他落腳的地方，我接受他的邀請，前提是不跟他共用床鋪或浴室，他答應了。他自我介紹說他叫丁尼許．阿嘉瓦爾（Dinesh Aggarwal），是巴德里納的常客，每年定期都會去那裡一次。

最後，我們抵達目的地了。一踏上巴德里納的土地，我就莫名湧起一股喜悅，這個地方對精神的激盪難以筆墨形容。天空烏雲密布，我很受這幅黑沉沉的美景感動。站在那裡呼吸山上純淨的空氣之際，我明白了什麼叫做活在當下，純粹只是……存在著。

在巴德里納的神廟裡，我控制不住眼淚。我面前是一尊毗濕奴的神像，這尊石像不也是神創造的嗎？祂不是無所不在嗎？我只是希望祂能從石像中現身，讓我看一看祂眞正的本尊。我要的太多了嗎？

「喔，神啊。」我說：「飄飄蕩蕩、茫然無措，一大罪人如今來到祢門前。在任何人身上，我都找不到歸屬，親人如此，上師亦然。我努力過了，但無法說服我的上師，我甚至也無法說服自己。我知道自己不能說服祢，但祢是慈悲的神，請讓我投入祢懷裡，祢明白我的心意，祢知道我在世間別無所求。我求祢要噘取走我的性命，要噘爲我指引一條走向祢的明路。祢是迷途之人的救贖者，祢拯救失落的靈魂，而我是最最失落的靈魂。所以，求祢拯救我，祢是我最後的庇護所。我不知如何禱告、如何祈求，不知道怎麼活，不知道怎麼樣才好。我只知道一件事：沒有祢，我活著就沒有用處。

「要怎麼考驗、折磨、虐待、摧毀我都行，我的神，但請讓我靠近祢。我一文不值，但我仍屬於祢。我不配獲得祢的青睞，但我不會離祢而去。我厭倦了這世界，我害怕這個世界。我任憑祢的處置，但請不要把我一腳踢開。我再也不能討好這個世界，但請讓我知道要如何取悅祢。我完全接受我的失敗。我厭倦了絞盡腦汁冥思苦想，喔，慈悲、憐憫的上主訶利（Sri Hari）❶，我再也沒有一絲力氣了，請不要拋棄我，請接受我這個狂妄、放

❶此為天神毗濕奴的別稱，「訶利」為除罪者之意。

肆的信徒。祢的恩典帶我來到祢門前，請爲我開門，不要將我鎖在門外，不要棄我於不顧。在這個神聖的地方，在祢面前，我鄭重宣誓，直到祢現身爲止，祢的孩子都不會放棄呼喚祢。」

突然間，天空發出轟隆巨響，雲破天開，大雨傾盆而下。一道道的淚水順著臉頰不斷流下，我哭得愈凶，就覺得自己愈接近神。我流的不是悲痛的淚水，也不是喜極而泣的淚水，而是敬愛與臣服的淚水。神的大門還沒爲我打開，但我知道自己已經到家了。

廟裡的普加拉都沒來打擾我。接下來幾小時，我就在這座神廟的院落裡，屈服在包圍我的神恩之下。我的內心崩潰、瓦解、消融，我把自己曾經做過的一切、曾經擁有的身分洗淨、清空。

到了下午，天空一碧如洗，太陽大放光芒。丁尼許堅持拉我跟他去幾個地方探索，說我說不定能找到適合修行的地方。我們來到印度緊鄰中國邊境的最後一個村子馬納村，但我在這裡找不到合意的地點。我等不及要在山洞中修行，從早到晚，每一口呼吸都聚精會神呼喚神。

但宇宙之所以帶我來馬納村還有別的旨意，我們在那裡碰到四個來參觀毗耶娑窟（Vyasa Gufa）的年輕人。毗耶娑窟是馬納村主要的景點，相傳毗耶娑仙人（Vedavyasa）將近五千年前在這座洞窟中寫下《摩訶婆羅多》（*Mahabharata*）。丁尼許和他們聊了起來，其中一人就像我一樣安靜，他一副若有所思的模樣。我對他笑了笑，他自我介紹說他叫克里希那．莫翰（Krishna Mohan）。這時，丁尼許和另外三個人決定接著去參觀一座名叫怖軍橋（Bheem Pul）的石橋。相傳大力士怖軍（Bheema）從河面上拋了一顆巨石過去，造了這座橋，好讓他的兄弟們通過。

克里希那和我婉拒他們的邀請，選擇留在這裡聊聊天。身爲冒險家，喜馬拉雅山脈差不多都被他踏遍了。他打算兩天後啓程，前往距離巴德里納四十公里的斯沃格拉西尼峰（Swargarohani）。我告訴他，我在找清修用的山洞，他決定立刻帶我朝尼爾坎特峰（Neelkanth）的方向前進。以上主濕婆爲名❷，尼爾坎特峰是位於巴德里納的一座山，也

❷尼爾坎特為濕婆神的別稱之一，意指青頸，傳說濕婆喝下海水中的毒露後喉嚨變成青色，故得此名。

是熱門旅遊勝地。他說的地點距離尼爾坎特峰幾公里，我們從馬納村出發，花了兩個多小時才抵達。

他帶我去看一座山洞，嚴格說來不算山洞，只是一顆大岩石底下的石穴，但已足夠滿足我的需求。第二天，克里希那踏上他的征途，我則再次前往那座洞穴。途中，我遇到當地願意幫我整建洞穴的建築工人，他答應幫我蓋一面石牆、裝上一扇小門，用防水布蓋住屋頂為我擋雨，並在外面做個讓我可以洗澡的台子等等。陰曆上的良辰吉日就快到了，我等不及要開始修行。工人告訴我，整建工程需時七天。接下來一星期，我每天都去我的石穴看進度。這段時間，我也弄來兩條毯子、一塊木板、一個瓦斯爐和其他必需品。

在去我那座石穴的途中有另一座山洞。兩天後，一位苦行僧把我攔住，問我可否陪他去他的山洞。我問他為什麼，他說有個人來拜訪他，想送他一句咒語，但他們兩個人都不識字，他想請我幫忙寫下那句咒語。

我說：「要我幫你寫沒問題，但之後你要怎麼讀它呢？」

他答道：「我知道你在準備你要用的山洞，改天我再去找你，到時候你就可以念給我聽了。」

他提著兩桶水，我幫他提其中一桶。我比較年輕，走得比較快，所以比他先抵達他的山洞。我看到裡面坐著三個人，全都身穿赭色的僧袍。其中兩人是男性，第三位僧人則是女性。她看起來像是坐四望五的年紀，渾身散發著無庸置疑的光輝。她請我進去坐在山洞裡，但我婉拒了。我說我在等另一位苦行僧過來，我不想占了他的位子。她咧嘴一笑道：「你還挺有禮貌的嘛。」我什麼也沒說，我只想寫下咒語就離開。

結果她是一位帕拉維（bhairavi），意思是女性密續修行者。她聲稱自己練了幾種神功，其中一種能讓她看見人的過去、現在和未來。她說了幾件關於我的事情，全都說中了。接著，她口述了耳妖（Karna pishachini）的咒語，請我幫那位苦行僧寫下來。耳妖是較爲低等的女神，修行者召來耳妖，便能挖出關於某個人的種種背景資料。耳妖會將這個人的祕密悄悄說給修行者聽。

那位苦行僧想學這句咒語練成神功，如此一來，不管誰的事情他都無所不知，大家就會覺得他很厲害。人都渴望受到讚美與肯定，這是很難超脫的慾望。你可以超越憤怒與淫慾，你可以對得失無動於衷，但要放下受人認同的渴求，不在乎別人怎麼說、怎麼想，實屬不易。一個人要有很大的智慧和很強的自我價値感，才能超越這種需求。無論如何，我幫那位苦行僧寫下這句咒語。

我們坐在山洞時，外頭下起雨來。這時我才突然意識到，我終於來到喜馬拉雅山與其他苦行僧爲伍了。而且，我自由了，沒有任何痛苦掙扎，沒有對過去或未來的擔憂，這裡就是我一直以來嚮往的地方，每一刻都只有純粹的喜悅。有生以來第一次，我終於覺得自己像個修行人了。一時的感動之下，我懷著虔敬的心，唱起一首情感濃烈的太初之母頌歌，那位帕拉維聽得很陶醉。

她說：「我想賜你一種特別的知識，一種我所擁有的超自然力量。」

「師姊，謝謝妳，但我不想要任何超自然神力。」

「收下吧，孩子，你是第一個、也是唯一一個我想賜予這種力量的人。」

「謝謝，但我眞的不想要。」

「給我吧，師姊，我想要。」在場另一位苦行僧說。

她不予理會，只顧繼續說服我：「請你務必收下，我知道你絕不會濫用這種力量。」

「我只想見到太初之母，不想浪費任何時間在其他有的沒有的事情上。」

「可是祂已經在這裡了啊！你沒看到你唱頌歌時，有一隻蝴蝶繞著你飛來飛去，還停在你的袍子上嗎？那就是太初之母；那就是祂給你的暗示，再清楚不過。」

「師姊，恕我直言，我花了將近二十年用咒語召喚神，我已經受夠什麼暗示、徵兆、跡象啦，如果祂——神聖的女帝——眞的存在，那祂爲什麼不在我面前顯靈呢？爲什麼不對我現出祂的本尊？」

山洞裡頓時一片沉默，靜得連外頭雨水落在樹葉上的聲音都聽得到。天地之間只剩洞外的雨聲和洞內的闃寂，其他什麼也沒有。最後，那位帕拉維笑了笑。

「是這樣嗎？」她柔聲說道：「那好吧。」

短短幾個字，我聽了渾身起雞皮疙瘩。她接著又說：「不出一年的時間，你就會清清楚楚、明明白白地看到祂。看到祂之後，你會去拜訪密續修行勝地卡馬克雅。好了，我言盡於此。」

「眞的嗎？我可以完完整整地看到祂？」

她說：「千眞萬確，非你莫屬。如果連你都看不到，還有誰能看得到？如果太初之母拒絕爲你顯靈，因陀羅（Indra）的寶座都會動搖。」

接下來的時間彷彿靜止了，我覺得自己脫離周遭有形的世界，甚至連雨聲都聽不見。生平第一次，有人信誓旦旦地向我保證，人是有可能見到神的，我一定會看到神顯靈。她的話大大鼓舞了我，彷彿有成千上萬支信仰、信心、信念與忠誠之箭射進我的每一個毛細孔。我決定了，就算我的肉身在這個過程中消逝，我也會日以繼夜修行不息，爲了見到神付出一切努力。

她又說：「從現在起，你要展開爲期四十天的修行，我會在那座山上教你怎麼做。」她指著遠方的一座山頭說：「演奏仙樂的樂人乾闥婆（Gandharva）會來你這裡，你會聽到他們的演奏。萬一我的預言不準確，那就罰我餘生飽受痲瘋病之苦。」

「謝謝妳，但我眞的只想一個人清修，不想花四十天聽什麼仙樂。」

「你眞是個叛逆的孩子。」她輕聲笑道：「在做這個仙樂修行的同時，你還是可以照你原來的想法修行。就這麼說定了。」

她私下指導我，並解釋說人透過修行可以體驗到其他生存的層次，她花了三十年才練成。她說她可以教我飛天技（vayu gaman），我說我沒興趣，因為我只想把時間花在修行太初之母，無意追求什麼神功或超自然力量。我告訴她，何況我如果有飛天的必要，那我買張飛機票不就得了。

說也巧合，事隔一年之後，我就買了機票飛去卡馬克雅。據說某些人講的話不能不當一回事，把實話實說當成修行的人說出來的話語，就像強大的種子落在肥沃的土地上，這些種子遲早會結出果實，不會白白浪費。那位帕拉維所說的一切都應驗了。我問她來自何方，她提到她住在卡馬克雅神廟附近的火葬場。我想在完成修行之後去找她，便問要怎麼樣才能找到她。她沒有任何聯絡號碼，說我只要去火葬場打聽一下就找得到。她問我有沒有幫手協助各種日常雜務，我說我沒有幫手，只想靠自己。

「你已落髮為僧，但你永遠都會是一位王者。」她溫暖地說：「一定會有幫手來幫你。」接著，她補上一句：「你的上師會墮入火燒地獄，永世不得超生。」

我很訝異突然聽到她這麼說，我不會向她提起巴巴的事。再者，無論他怎麼待我，我也絕對不會允許任何人說他壞話，畢竟是他爲我剃度出家。

我沉默不語。她說：「你太單純了，你不知道那裡是什麼樣的地方。然而，正因你的單純和赤子之心，你會在太初之母的膝上玩耍。」

她輕撫我的臉頰道：「Kasturi kundali base, mrig dhoonde ban mahi」（麝香就在小鹿的肚子裡，牠卻發了狂地在林子裡尋找。）

一陣長長的停頓過後，她又說：「孩子，你的修行已經完成了，什麼也不缺，不需要再折磨自己。」

我全神貫注聽她說話。她有一種莫名的磁性，一種不同凡響的吸引力。她也預言我未來會修哪些密續法門，左道性力派和右道性力派兼而有之。

「左道性力派？師姊，我沒有這種計畫。」

「日後你勢必要練匍匐成就法（lata sadhana）、大中國式（mahacheen kram）、近親成就法（kaulik sadhana）和大手印（mahamudra）。」

她笑了出來，因爲她說的這些法門都需要一位女伴。

「但我是出家人！」

「那又如何？」

「我怎麼能練左道性力派的法門呢？」

她又笑了出來。

「有何不可？你以爲你第一次練成就法能成功純屬巧合嗎？」她指的是幾年前我和一個女人練的迦梨密續成就法。我嚇了一跳，納悶她怎麼會知道這件事。

「沒什麼不可以的，你的上師不也是密續修行者嗎？」她繼續說道：「再者，你所謂出家人和密續修行者的差別，只是理論上的差別而已。在你親身經歷屬於你自己的眞相後，你的想法就會改變了。明年，你就會看到女神，並且領受最崇高的密續灌頂。你自然而然就會知道你的下一步。」

「但如果未來我決定不要練左道性力派的成就法呢？」

「這一切都已經寫在命運之書上了。」她說：「你無論如何都要完成來到這裡的任務。有許多的密法都已失傳，你要讓它們重新活過來。你爲了自由而棄世，現在又爲什麼畫地自限呢？」

我朝她一鞠躬說：「太初之母要斯瓦米做什麼，斯瓦米就做什麼。」

八月九號這一天，我住進我的洞穴。洞內很冷，因爲地面和牆上的石頭不只潮濕，而且鋪了防水布，防水布有保濕和保冷的作用。洞內沒有陽光，而我沒有任何縫製而成的布料可以蔽體。人體自然就會處於恆溫狀態，但這種機制要能有效運作，還得身上有所遮蔽才行。縫製而成的布料有助人體保溫，但我沒有任何一件諸如此類的衣裳，因爲我還是堅守巴巴的教誨，只穿寬鬆的僧袍。他能容許編織而成的材質，儘管我不明白這背後的道理何在。幸好我到巴德里納的第一天就買了一條薄披肩，事後證明，它對我的洞穴生活來講是很便利的工具。

洞穴生活的第二天，我覺得自己缺氧。我拿出支氣管擴張劑吸入器來用，但也沒有幫助。下午，我去山下的市場買了隨身氧氣瓶。買好之後，時間已經很晚了，於是我就在山下過夜，第二天再回到洞穴。在那裡生活的兩個月中，這是我唯一一次離開洞穴。

兩天之後，我開始了密集的修行，幾乎全天候修行不停，除了從正午到下午四點以外。這段時間，我會保持大門敞開。我開始一日一食，在上午十一點左右用餐，吃的是用牛奶煮的全麥細麵，村裡有個人每天早上都在我的洞穴外頭放一瓶牛奶。

很快地，我就形成自己的一套規律。每天，我在日出之際或日出之前洗澡。水很冰，但不管是要用冰水洗澡，還是把雪抹在身上，我都無所謂。同樣的道理，我吃什麼，甚或有沒有吃東西，也都沒什麼大不了的。在巴巴的精舍度過的時間，讓我對這一切都能淡然處之。

我每天會花四十五分鐘處理煮飯、洗碗、到附近的一條河打水等雜務。我總覺得諸如此類的雜務很浪費時間，因爲我得暫時丟下修行這件事。一天，我不禁心想，要是在離我幾百公尺的地方，有人能幫忙我做這些事就好了。我可以到他那裡吃飯，其餘時間就專心修行。

日子一天天過去，當地人和造訪巴德里納的朝聖者都聽說我的存在，紛紛跑來洞穴向我致敬。碰到下暴雨的日子我就很高興，因爲這時就沒人能來拜訪我了。然而，晴天的每個下午都會有訪客上門。我實在不愛這些迭往迎來，於是開始考慮到更偏遠的地方修行。

我不曾去過奧里薩邦（Odisha），但我的腦海浮現位在普里（Puri）的札格納特神廟（Jagannath）。我很嚮往在海邊修行，自忖最理想的地點非普里莫屬。我想像自己在一片遺世獨立的海濱修行和生活，光想就覺得很詩情畫意。第二天下午，有個聲音指示我到洞外去。我聞聲照做，結果看到遠處有個男人站在那裡。我朝他招招手，不等他過來就逕自回到洞內。我已經做了那道聲音要我做的事，現在一切但憑神的旨意。幾分鐘後，男人來到洞口。他一身白衣，顯示他已由上師灌頂成爲梵行者（brahmachari），亦即禁慾的僧侶。他告訴我，還有另外三個朋友跟他一起來，只不過他們在一段距離外等候。

他一坐下，我就對他說：「你是從奧里薩邦來的。」

他一臉困惑地問我怎麼知道。

「我就是知道。」我說。

停頓了好一會兒過後，我又問：「誰是克里希那・達斯（Krishna Das）？」

「你怎麼會這麼問？他是我哥。斯瓦米吉❸，你怎麼知道他的名字？」

「我就是知道。」我說。

「不，斯瓦米吉，沒有人能像這樣知道別人的名字，我願追隨你、侍奉你。」

接下來，我告訴他我想到海邊修行。我們說好了，等我完成洞穴裡的苦修，我就會到普里和他碰頭。他的名字是梵行者普拉迪普（Pradeep Brahmachari），他留了他哥哥的電話號碼給我，普拉迪普跟我一樣沒有手機。此時已是下午四點，我得關上石穴的門了，於是我請他離開。

＊　＊　＊

❸ Swamiji，此為印度語對修行人之尊稱。

在洞穴裡的兩個月跟我住過的任何地方都不一樣。就實務面而言，我在這裡有許多挑戰。洞穴裡冷得不得了，我所碰觸到的表面都很冰。老鼠很煩人，而我就躺在離地四公分的地方，自然無濟於事。修行的一個副作用就是會變得很淺眠，這是因為你學會保持清醒的自覺和敏銳的覺知。所以，老鼠在那邊竄來竄去時，我就會被吵醒。然而，為了在喜馬拉雅山生活，這一切都只是小小的代價而已。

在這塊令人精神飽滿的土地上，修行起來幾乎不費吹灰之力。腦中不會湧起紛雜的思緒，內心安穩而寧靜，自然而然就沉澱下來。除了我自己本來打算要練的成就法以外，我也練了帕拉維師姊叫我練的成就法。我很訝異自己眞的多次聽到仙樂，就跟她預言的一模一樣，這又更加堅定我對另一個世界之存在的信念。白天、夜裡、破曉時分、日落時分，有許多次，我特地走到外面，看看是不是在風的吹動之下製造出這種聲響，但並非如此。我在洞裡洞外都把仙樂聽得一清二楚。

九月二十三日的夜晚是月圓之夜，我在這一夜完成了為期四十天的苦修。帕拉維師姊指示我在這一夜舉行火祭。所有的誦咒成就法（mantra sadhana）在完成時都要以火祭作結，以此向所有看得見和看不見的力量、向五元素和眾生表達感激。

結束夜間靜坐之後，我步出洞外。天空萬里無雲，像是毫無雜念的平靜心境。夜幕給人的印象好似一把珠光寶氣的大傘，綴滿點點繁星。暴雨猶如人類永無止息的慾望，下過暴雨之後的河水高漲，河邊草木茂盛，一片翠綠。在柔和的月光下，瀑布彷彿融化的水銀，順從地垂落到地面，而大地以莫大的愛容受它，就像眞心實意的信徒，放下了他的小我，與上師融為一體。滿天星斗感覺近得伸手可及。當然，這一切都是幻覺，就像世俗的享樂一般。滿月高掛在星空中靜靜發光，輕輕點亮了喜馬拉雅山，就像開悟的人一般寧靜自處。

醉心捕捉周遭的燦爛與雄偉之際，我聽到野狗的吠叫。附近可能有隻雪豹或老虎，我出於本能不禁心生畏懼。過了半分鐘左右，我提醒自己，如果肉身注定在此刻消逝，那不需要老虎來奪命，我也會喪命。突然間，喜馬拉雅山又亮起來，重現它的美麗。

氣候宜人，我心滿意足地在洞外生起一堆火，展開火祭儀式。狗兒安靜下來了，天地之間鴉雀無聲，那是一種震耳欲聾的寂靜。我靜下心來，意識暢通無阻。我把墊子鋪在地上，將火祭的材料放在一旁，冷冰冰的空氣穿透我的薄披肩。除了披肩以外，我就只裹了一條纏腰布而已。我的洞穴裡有毯子，但我決定就這樣繼續下去。我坐了下來。

完成淨化儀式之後，我開始頌唱梵咒，這是火祭的一部分前奏。頌唱梵咒之際，我的靈魂深受感動。我將祭品投入烈火之中，每投入一件祭品，火堆就燒得更旺，可能是因爲祭品含有樟腦等物質的緣故。然而，在我的主觀感受中，就彷彿火神阿耆尼（Agni）欣然接受我獻上的每一件祭品。

火祭完成後，我來到河畔。從石穴走到河邊可不容易，因爲路上布滿大大小小數不清的石頭，沾了露水的草又濕又滑。月光不足以取代一支像樣的手電筒，而我的小火把發揮不了什麼作用。無論如何，我安然無恙地走了三百公尺左右。

在河邊沐浴淨身之後，我在那裡待了一段時間，讓自己和山澗的天籟合而爲一。除了潺潺流水，山裡悄無聲息。最後，我動身回到石穴，在洞外又坐了一會兒。我的身體冰冷麻木，內心平靜祥和，意識像剛剛看到的河水般流動，我漸漸領悟到：美不存在於觀看者的眼中，而存在於覺知者的心裡。內心愈純淨，眼前的一切就愈美；內心愈平靜，美的感受就愈持久。空白的心不是惡魔的工作坊，恰恰相反，熱情的心才是惡魔的工作坊，因爲充滿熱情的心往往躁動不安。空白的心是神的恩賜，因爲它沒有雜念。對任何一位瑜伽士來講，心無雜念都是令人夢寐以求的難得境界。如果心是海洋，熱情的心就是波濤洶湧的大海，空白的心則是風浪平靜的汪洋。

我步入石穴，相較於洞外的天寒地凍，洞裡現在感覺很舒適。時間很晚了，離起床只剩幾小時。我躺在木板蓋上毯子，以防寒氣滲進來，也把自己和冰冷潮濕的石頭地板隔開。老鼠一如往常趁夜到訪，牠們竄來竄去時一定掠過我的身體了。熱鬧的聲響把小小的洞穴變成遊樂場，但我睡得很沉，絲毫不受影響。因爲心靜了，世界就靜了。

還有什麼地方能讓我領會到這份神性呢？無論是嚴酷的氣候，還是野外生活的艱辛，縱使這裡有種種挑戰，但不知道爲什麼，喜馬拉雅山還是修行的終極聖地。幾千年來，在印度的傳統中，有幾位聖僧都曾在喜馬拉雅山修行，至今你還是感受得到他們神聖的能量。我沒有具體的證據能證明這股能量的存在，但行遍世界各地，我敢毫不遲疑地說，若論其純淨，論其對心靈的激盪，這世上沒有一個地方比得上喜馬拉雅山。

瑞士的高山、紐西蘭的草原、北美洲的大地、澳洲的海灘、加勒比海的陽光海岸、法國的鄉間……我都去過。喜馬拉雅山上瀰漫的神聖氣氛，這些地方純粹就是無法企及。無庸置疑，這些地方各有各的風情。論其壯觀，論其一望無際的視野，甚至論其寂靜與遺世獨立，有時它們還更勝喜馬拉雅山一籌。但在求道的旅途上，喜馬拉雅山看不見也無法形容的力量帶來的幫助，你在別處都找不到。

＊＊＊

一晃眼，兩個月就屆滿了。我從洞穴下山，到巴德里納神廟獻上我的祝禱。我感謝不可知的神聖力量讓我留在這裡修行。回顧這段時間，我發現自己能夠做到短時間的全神貫注，但做不到完全的心無雜念。修行時，我的思緒還是會飄走，無法專注在冥想的對象上。有時候，下午會有人來拜訪我。到了晚上修行時，我的腦袋就會重播下午的對話。

對我的修行來講，肉體的考驗只是無足輕重的一小部分，更重要的是管住自己的心。

我必須馴服自己的思緒，徹底地馴服。在極致的寧靜與專注中，我但願能看到神顯靈。

我必須超越嘈雜的思緒，達到眞正的三摩地。我知道自己必須在入定的狀態下召喚太初之母，否則休想看到祂顯靈。我必須延長靜心的時間、提高靜心的強度，讓我的修行更上一層樓。我必須在杳無人煙的地方，日日夜夜浸淫在深沉的靜心之中。

截至目前爲止，即使我一直有在修行，也只點燃小小的火焰。就如同火柴棒的火焰一般，微弱而短暫，不足以用來取暖或照明，不足以燒掉人心的天性。爲了能超越自己的心，燒毀精神與情緒上的痛苦折磨，我需要一把野火，一把苦苦修練的野火。

經書上寫得清清楚楚，只要全心全意、全神貫注，你就能看到凡人所看不見的，知道凡人所不可知的，這就是我所追求的標竿和神確實存在的證明。喜馬拉雅山讓我得以管窺一角，但我願能放眼全貌。聽到仙樂，體驗到斷斷續續的靜心，只是神輕輕碰了我一下而已。我想被神抱個滿懷。

13 喜馬拉雅的森林

按照在巴德里納的洞穴中和普拉迪普的約定，我遠赴奧里薩邦找尋位於海邊的偏僻地點。接下來十天，普拉迪普和我跋涉了五百多公里，一路上杳無人煙的地段頂多只有一、兩公里而已，四處都碰得到漁人。我們僱了一整天的電動三輪車，也騎摩托車探索這一區，但都一無所獲。我們甚至搭火車到遙遠的小鎮，但還是找不到適合修行的地方。

我到札格納特神廟祈禱，接著就跟普拉迪普說我要回喜馬拉雅山了。

「拜託不要，斯瓦米吉，我費盡千辛萬苦才找到像你這樣的人，我不想錯過你。」

他頓時淚眼汪汪。

我安撫他道：「我得出發去修行了，普拉迪普，一完成修行，我就會重新跟你聯絡。」

我拋下他回喜馬拉雅山繼續求道。我聽說在一個叫做曼達（Mandal）的村子附近有一座供奉阿那蘇耶（Anasuya）❶的神廟，便決定到那裡去。我在查莫利下車，搭共乘計程車到戈佩斯赫瓦爾（Gopeshwar），接著又搭另一輛共乘計程車到曼達村，從曼達村要走四公里路到阿那蘇耶神廟。抵達那裡之後，當地的兩個男孩巴勃羅和維諾德跟我聊了起來，他們是神廟祭司的兒子。我告訴他們我想找靜坐的地方，最好是一座山洞。他們說有一座叫做阿低利牟尼窟（Atri Muni Gufa）的山洞，並答應帶我過去。那是一個風景優美的地點，但不如我希望的偏僻，阿那蘇耶神廟的朝聖者也常常會到這裡來。

此時，我也有別的進展。一來到曼達村，在前往阿那蘇耶神廟之前，我就注意到遠方的高山上有一座白色的小建築。顯然，那是一座供奉地方神明的小廟。村民們告訴我，那裡是野生動物保護區，遊客不准過去，只有當地人可以去那裡撿柴或爲家裡的牛隻採集牧

❶印度神話中主神梵天的次子阿低利之妻。

草。有些牧羊人在那裡有小屋，但這些都是很久之前的老房子了，早在政府將此區劃為保護區之前就已蓋好。一問之下，我得知這些小屋冬天無人居住，因為那裡在寒冬中住不了人。深山野林，荒廢的小屋，豈不正合我意？

我問巴勃羅和維諾德能不能帶我去那裡看看，他們告訴我來回要花一整天，因為地勢陡峭，要爬六公里的山路。他們勸我用阿低利牟尼窟，說這是較為務實的選項。我心不甘情不願地同意了。

我付了一些錢，向他們買了一塊木板、幾件必需品，以及一塊用來蓋住洞口的防水布；洞口約有五英尺寬。接著，我回到赫爾德瓦爾去拿我的背包。因為不知道要花多久才能找到落腳的地方，又不想背著背包走來走去，我就先把背包留在那裡了。但命運之所以送我去赫爾德瓦爾，不只是為了拿背包而已。

我在巴德里納遇到一位年長的苦行僧，並請他幫我保管背包。他名叫斯瓦揚．普拉卡許．巴哈門（Swayam Prakash Brahmam），原先來自坦米爾那都邦（Tamil Nadu），目前住在巴德里納附近的肯克哈。他很保護我，甚至對我有種占有欲。

抵達他的住處時，有另一位年輕的僧人也在那裡，他看起來像是一位安靜、眞誠的求道者。

我看到他直盯著地面，便說：「你可以看到太初之母顯靈。」

他的眼睛一亮，喜出望外地說：「眞的嗎？斯瓦米。」

我點頭道：「你信奉這位至高無上的女神。」

他不曾告訴任何人這件事。他過來坐到我一旁，自我介紹說他是畢迪安南達斯瓦米（Vidyananda Swami）。

「請再跟我多說一點吧。」他說。

我請他第二天跟我碰面。

第二天，畢迪安南達斯瓦米回來找我，說：「斯瓦米吉，我整晚想著你，興奮得吃不下飯，等不及天亮。爲能得到太初之母的恩典，我該怎麼修行呢？」

「你要淨化自己。」

「你願收我爲徒，爲我指點迷津嗎？」

「我們不需要爲這段關係貼上標籤。我從喜馬拉雅山回來之後會再來見你。」

他淚眼汪汪地看著我。

「別擔心，斯瓦米吉，我會牽著你的手，帶你去找太初之母。」我向他保證道：「這可是斯瓦米對斯瓦米的承諾。」

「昨天，我就從你眼裡看到你無所不知，但我不敢冒昧與你攀談。」他輕聲回應。

「沒有人能無所不知，斯瓦米吉，但我確實看得出來你很特別。你是虔誠的信徒，我想幫助你。」我說。

我請他不要接受別人的金錢或任何物質餽贈，並表示我會照顧他餘生一切的日常所需。他不是一般的信徒，多年來，他不只呼求神、迫切尋覓上師，甚且每晚睡覺時都將女神像抱在胸前。他齋戒、誦經、修行，但凡有人告訴過他的方法，他都試過了。如果有人應該受到保佑、開示和指引，那就是他了。

我回到阿那蘇耶神廟，這次帶了我的背包。我在神廟見到巴勃羅和維諾德，堅持要他們帶我去看山上的小屋，一股神祕的力量牽引著我。維諾德最後終於同意帶我過去。我們渡過幾條小溪，穿過濃密的森林，林子裡滿是高大的雪松。有時，聽到後方的草叢或樹木突然傳來聲響，他就會猛然停下腳步。

「維諾德，你爲什麼突然停下來？」

「師父，我們要小心，有可能是熊或老虎。」他說。

我不確定是因爲洞穴苦修的成果，還是因爲我對神熱烈的渴盼，總之我絲毫不覺得畏懼。

山路有點難走，尤其因爲我沒有合適的鞋子，腳上只穿了拖鞋。但森林有種催眠的魔力，一路上我走得很愉快。我們花了將近三小時才抵達目的地，結果我對那裡一見鍾情。這地方既安靜又偏僻，近處就有水源。小屋周圍有一片開闊的野地，零星點綴著高大的樹木，後方就是雄偉的群山。小屋不遠處甚至有座小廟，我對這一切再滿意不過。我也發現，距離約兩百公尺處有另一座小屋，剛好給普拉迪普用。

我透過普拉迪普的哥哥傳話給他，因爲我只有他哥哥的電話號碼，我要普拉迪普立刻跟我聯絡。就算他立刻動身前往曼達村，也要三天才能趕到我這裡。我必須在十一月十九日開始修行，現在只剩三天了。更有甚者，我們必須在前一天住進小屋，如此一來，我才能準時開始。否則，根據陰曆，我就要再等一個月才能碰到對的日子。

陰曆在密續的儀式中扮演舉足輕重的角色，就像只有在投票日投下的票才算數，早一天或晚一天都不行，有些修行只有在特定的日子才能開始。相關資料在經書上不曾有過完整的記載，求道者沒辦法透過查閱經書，避免神祕力量的誤用或濫用，箇中詳情通常是透過口述流傳下來。

照目前看來，就算在最理想的情況下，要普拉迪普及時趕到也是太過樂觀的想法。說穿了，這種想法根本不切實際。然而，當我們打給普拉迪普的哥哥時，他說普拉迪普兩天前動身前往赫爾德瓦爾了，他的表弟會去赫爾德瓦爾車站接普拉迪普，他會再請那位表弟傳話。

即使對我人在何方毫無頭緒，普拉迪普也已經在前來喜馬拉雅山的路上了。說來有趣，我甚至還沒去看那兩間小屋，宇宙已在普拉迪普的腦海種下來這裡的念頭。我不禁納悶他是怎麼想的，要是我沒跟他聯絡呢？他要怎麼知道我在哪裡？事實是宇宙什麼都知道。

「師父！你只用了念力，就讓普拉迪普在兩天前出發了！」巴勃羅說。

「喔，不是的，巴勃羅，沒這回事。我什麼也沒做，兩天前我都還不知道會怎樣呢！這就是天意。」

「那就眞是神奇的巧合了。」

「『巧合』這個字眼，我們用得有點太隨便了，你知道嗎？巧合通常是指突如其來、沒有任何前因後果的意外。但事實上，在自然法則中不存在什麼意外。宇宙、銀河系、各種動植物、五元素、一個近乎完美的生態系，這一切的創造都不是巧合。雨、風暴、山、海、樹木……它們的存在都是有理由的。沒有什麼是偶然的，萬事萬物的背後都有一個更大的理由。」

「你已經懂這麼多了，我很好奇你為什麼還要修行，為什麼你想到山林裡吃苦受罪呢？」

「巴勃羅，就像其他人一樣，我的心有時也會吵鬧不休。它受到制約，失去它的天然與純淨。我想超越這種制約，超越智識的局限。我也有必須放下的包袱，一旦放下了，我或許就能輕盈地飛起來，從不同的角度看世界。

「我不想再像裝滿水的氣球一樣，重得飛不起來。如果可以，我想爲自己裝滿無條件的愛與光。你知道，每個人都是一顆氣球，有些裝滿了廢水，有些裝的卻是香水。在某些情況或條件的刺激下，氣球會破掉，但唯有氣球破掉之時，我們才知道裡面確切裝的是什麼。有些人受到刺激就發出臭味——他們口出惡言，表現出卑鄙的行爲；有些人卻散發優雅的香氣。我想把自己倒空，好將『我的人生』這顆氣球裝滿愛與光、慈悲與謙虛。」

普拉迪普在當天晚上抵達赫爾德瓦爾，他的表弟去接他，他們立刻就跟巴勃羅聯絡了。第二天晚上，普拉迪普已經坐在我面前，他就算發燒還是決定趕過來。第二天，巴勃羅到鎮上張羅一些必需品，普拉迪普和我則啓程前往我們的目的地。

我的小屋位在海拔九千英尺的高度，靠近懸崖邊緣，只要走出小屋，不到十五英尺就掉下懸崖了。小屋之前可能是用來當牛棚，不是爲了人類設計的。整個空間大約長三十英尺，寬十英尺。

屋頂的茅草已經舊舊爛爛的，牆壁則破了好幾個洞。其中一面牆是混凝土做的，牆面怪異地傾斜，與地面呈七十度角。這面牆外頭堆了幾英尺高的樹枝，用來防止牆面倒塌。這面牆怎麼挺得過喜馬拉雅山上氣勢磅礴、冷酷無情的狂風暴雨，實在令人匪夷所思。或許它顯示了只要願意稍微放低姿態，就算可能看起來很突兀，但你可以生存下去。剩下的三面牆則是木板拼成的，拼得亂無章法。由於那面傾斜的牆壁，屋頂和牆面之間形成一條縫，結果就是在下雨時雨水會掃進來。小屋一角有一座小小的圍欄，裡頭大概裝得下六到八頭牛，這裡就是我用來洗澡的地方。

我在十一月十九日的夜晚開始修行。那晚的夜空很美，涼涼的微風輕輕吹拂，林子裡很安靜。一開始修行，我就知道來這裡來對了。周遭一片沉寂，只有當地人知道這個地方，而他們很少過來，因為這裡位於山林深處，就連土生土長的巴勃羅和維諾德也不曾涉足林子裡的這個部分。

一開始，我直接一口氣修行十個小時，就從凌晨兩點開始。我也會做較短時間的修行，從兩小時到七小時不等。中午，我會到普拉迪普的小屋用餐。這是我在二十四小時內唯一的一餐，餐點是三片薄薄的烤餅配扁豆，偶爾會有一碗蔬菜。多虧普拉迪普的巧妙安排，我們才有蔬菜可吃。他和一位村民打通關係，請這位村民每星期送一次蔬菜過來。不只如此，普拉迪普在其他方面也是我的得力助手。每天修行結束之後，我都會舉行火祭儀式，而他會事先幫我儲備夠用的木柴。每隔四天，他也會把我的水桶和另一件我用來儲水的容器裝滿。

在普拉迪普的小屋待一小時之後，我就再回到我的小屋。從下午一點到晚上九點，我會練習冥想式修行。修行主要有兩種：專注式修行（concentrative meditation）和冥想式修行（contemplative meditation）。在前一式的修行中，你建立起自己的專注力；在後一式的修行中，你用那份專注力來反思現實的本質和自身的存在。冥想式修行帶來洞察力，這份洞察力改變你觀看和解讀周遭世界的方式。深度的專注讓你達到三摩地，深度的冥想則讓你在面對世間種種挑戰時保持在三摩地的狀態。我輪流練習這兩種修行方式。

由於密集修行的緣故，我的睡眠大幅減少。極不舒適的生活條件和每天只吃貧乏的一餐，也對我的睡眠有影響。我會從晚上九點睡到半夜一點，接著就迎著牆上的破洞和裂縫透進來的寒風，用冰水洗個冷冰冰的澡。到了凌晨兩點，我就開始修行，一直坐到第二天中午。

然而，隨著我的心漸漸靜下來，我甚至無法像以前一樣睡到四小時。修行做得對，睡眠減少是自然而然的結果。追根究柢，人爲什麼要睡覺呢？那是因爲我們的身心都需要休息。在放鬆的狀態下，人體不可或缺的能量自然流動。沉沉的一覺醒來，我們便能有煥然一新的感受。修行的效果也一樣：它讓身心恢復活力。我改變作息，現在我從晚上九點睡到晚上十一點，睡醒之後就開始修行。

幾星期後，我改成從晚上七點睡到晚上九點，開始修行的時間就再往前推了兩小時。所以，我一口氣就修行十三小時。最後，我連這兩小時的睡眠也放棄了。在一種出神般的狀態中，我的腦袋不再渴求睡眠，身體也從未發出需要睡眠的警訊。接下來，我發覺自己必須給身體和腦袋一點休息，於是我強迫自己在晚上小睡兩小時。

這段期間，我都在小屋地板上，把三塊木板拼起來睡在上面。因爲長時間的修行，中間那塊已經凹下去了。我在木板上鋪了薄薄的墊被，頂多是三層棉布那麼厚而已。我也有一條被子，這就是我的床鋪了。我的水平高度就跟跑進小屋的昆蟲和老鼠一樣。

＊　＊　＊

你會以爲，生活在與世隔絕的山中小屋，離有人居住的地方幾英里之遙，我會找到寂靜中的寂靜。實際情況是也不是。雖然沒有人爲的噪音，沒有車流，沒有電視，沒有半個人影，但還是有許多聲音對我的修行造成干擾。最明顯的就是鳥鳴，鳥兒每天夜裡都高歌數小時之久，我猜是公鳥在求偶。其中一隻可憐的公鳥會持續二、三十分鐘唱個不停，短暫休息幾秒鐘，又繼續以一樣的狂熱引吭高歌。唱個一、兩小時後，某隻母鳥會予以回應，兩方開始一來一往，公鳥會朝母鳥飛去。我其實看不到這一切，但我可以從牠們的歌聲飄到哪裡推敲出來。

我對這些鳥兒求歡的天性沒有意見，畢竟宗教不是演化的基礎、原因和結果，性愛才是。只不過，牠們響亮的鳴叫聲對我的修行是很嚴重的干擾。想像你在下著雪的喜馬拉雅山森林裡，趁著夜闌人靜的時分試圖專心修行，結果一隻鳥兒高歌起來：「啾～啾，啾～啾，啾～啾……」有時，我甚至發覺自己不由自主地向上天祈求道：「喔，神啊，祢如果存在，拜託送個伴侶給這個小傢伙吧。可憐可憐牠，牠受不了了。」

久而久之，我學會無視這些干擾，或許這一切都是修行的一部分。鳥兒們持續在不同時段以忽高忽低的音調鳴唱，但最終牠們也干擾不了我了。春天，各式各樣的蜜蜂和蟋蟀紛紛製造出響徹雲霄的聲響。數百隻蟋蟀齊聲鳴唱，我不知道牠們是為了少數的母蟋蟀在一爭高下，還是在慶祝什麼事情。學會超越這些噪音讓我的修行提升到另一個境界。每克服一道障礙，我就更能駕馭心和意識。

狒狒也會登門拜訪，這些傢伙會任意跳上我的屋頂、攀上我的牆壁，還對著牆上的破洞朝屋裡尿尿。有時候，我覺得牠們是故意來鬧我的，儘管事實並非如此。牠們只不過是因為小屋在冬天向來無人居住，所以沒想到裡面有人罷了。牠們在小屋爬來爬去的時候，我什麼也不能做，因為我不打算為了狒狒移動一下，中斷我的修行。

當我人在屋外時，我會看著牠們從一棵樹盪到另一棵樹。眼前畫面總是令我驚奇，因爲我不曾看過一隻狒狒失手掉下來。如果我的修行能有牠們那般專注，那就眞的是一種成就了。以狒狒而言，這種專注就存在於牠們的基因裡。我突然領悟到，這就是我需要練就的功夫——把有意識、需要努力的修行，變成無意識、不費吹灰之力的本能。隨著時間過去，我學會如何練就這種專注。

起初開始修行時，周圍有許多野生動物。夜裡，我聽得到野豬嚄嚄叫的聲音，但只要聞到人類的味道，牠們自然會走避。野豬總是沒完沒了地跑來，到了第二天，你從雪地上輕易就能看出牠們的足跡。

然而，最大的挑戰不是來自野生動物，而是來自小屋裡的老鼠、蜘蛛、蜜蜂及其他昆蟲。森林裡的老鼠體型碩大、性格兇猛，即使牆壁上已經有很多破洞，牠們大可從這些破洞自由進出，但牠們非得每天挖出新的牆洞不可。就像是在模仿專業的掠食者似的，牠們找到什麼能放進嘴裡的東西就拖到角落裡啃個過癮。我一坐下來修行，老鼠就開始發出噪音。那種不間斷的囓咬聲一開始很干擾，但我學會專注在修行上，無視它的存在。老鼠常趁我修行時大喇喇地在枕頭上休息。

跟老鼠不同，蜘蛛做起事來靜悄悄的。每一夜，無一例外，某隻堅持不懈的蜘蛛都會在我的頭頂和屋頂之間織網。小屋的屋頂很矮，坐下來之後，屋頂和我頭頂之間僅有不到三英尺的距離。我一心專注在修行，每天早晨我都會忘記檢查蜘蛛網。於是，每當我站起來後，接下來就要花五分鐘撥掉臉上的細絲，這些細絲可是蜘蛛用口水織成的呢！

就跟在巴巴的精舍時一樣，我可以選擇摧毀這些生物，要弄死牠們並不難。但這是殘忍的選項，而我是專程來這裡練就慈悲心腸的。我從來不曾故意傷害一隻蚊子，有趣的是，我也從來不曾被老鼠咬、被蜜蜂螫，或被野生動物攻擊。這可不是巧合，在正式開始修行之前，我所舉行的其中一種儀式，就是祈求各種神聖力量的保護。我召喚保護這一帶的村靈（gram devata）、保護我臨近範圍的地靈（sthan devata），以及保護修行場所的宅靈（vastu devata）。各式各樣的神靈會保護眞正的求道者，事實上，誦咒灌頂的初衷就在於此。但還不只如此，我和周遭所有生靈定下和平協議。就跟我一樣，牠們也是自然界的一份子，我們都是用一樣的元素造成的。我和萬物之間不存在失和的空間。

除了動物以外，人體也有其他挑戰。求道者要突破三重障礙：肉體障礙、外在障礙，以及天意或環境的障礙。這裡痠那裡痛是肉體的障礙，食物、物資和設備的匱乏是外在的考驗，野生動物或喜馬拉雅山無情的天候則是環境的試煉，而上述種種的挑戰可不少。

位居高山，惡劣的天候是家常便飯，暴雪、暴風、暴雨、暴風雨、冰雹不一而足。有時，狂風暴雨的聲響震耳欲聾，彷彿看不見的力量要把我轟出去，也彷彿神在考驗我，祂想看看我怕不怕死，又或許祂是在爲我加油、喝彩，我不確定是哪一個。無論如何，在狂風暴雨中，你會感覺到神的創造之雄偉壯闊——區區一個人，被崇山峻嶺和濃密的森林包圍，手無寸鐵地站在灰沉沉的天空下，天上烏雲密布、雷電交加、風雨大作……但大自然會想從我這個無足輕重的人身上得到什麼呢？我曾有過的一切，包括這副軀殼，都是神賜給我的。發現自己什麼也沒有的感覺令人如釋重負，因爲你什麼也沒有、什麼也不是，你就沒什麼可害怕。

風雨大作之際，力大無窮的狂風吹襲小屋的茅草屋頂，霎時間把屋頂猛然掀起幾英寸，再重重摔回去。屋頂一掀動，不管死的活的，成群結隊聚在屋頂的昆蟲就會掉在我身上。屋頂得用繩子拴住，否則就會直接飛走。我成功把一塊防水布塞到繩子底下，並壓上沉重的石塊把防水布固定住。但風力太強，每當颳起暴風雨（長達四個月幾乎天天如此），防水布就會鬆脫，一旦鬆脫，防水布就沒什麼作用了。每次風雨過後，普拉迪普都會爬到屋頂上，不厭其煩地調整防水布。

有一次，天上降下冰雹，冰雹砸在屋頂上的聲響驚天動地。我很慶幸身後的牆壁嚴密地鋪上了防水布，還用許多釘子牢牢釘住。早上，我步出屋外，覺得牆壁看起來有點不一樣。我花了幾秒鐘才反應過來，原來防水布已經掉到地上，不在牆壁上了，而且它碎成片片。我心想，防水布沒了，雨水就會滲進牆壁。由於我倚著這面牆而坐，我的床鋪連帶也會濕透。

這地方已經變得不適合我，但無論碰到什麼情況，我都沒打算離開。我仰頭問天：「就這樣嗎？倒是讓我瞧瞧祢還有什麼招啊，我就不信祢有辦法把我弄走。就算死在這裡，我也不會移動半步，直到祢在我面前顯靈爲止。爲什麼只毀掉防水布呢？把屋頂也拿走啊。不如整座小屋都送祢好了，我不在乎。祢可以折磨我的身體，但我的決心不會動搖。」我一時沒了恭敬之心，一心違抗天意。這次，我決定不要換上新的防水布。大自然要給我什麼考驗，我都準備接受。從那之後又下了無數次的雨，雨水也真的滲進來了，但從沒沾濕我的床鋪。

我還記得第一次下雪，地上的積雪一定有個十二英寸。我舉步朝普拉迪普的小屋走去，但走了二十步左右，就發現走不動了，踩在雪裡冷得讓人受不了。我在雪地裡開過車，甚至在雪地裡玩耍過，但我不曾只穿拖鞋在雪地裡走路，我甚至沒穿襪子。就連再邁出一步都不可能，當然也沒有地方讓我坐下來。我站在兩座小屋中間，完全動彈不得，退不回去也前進不了，身上疼痛難當，感覺就像腳要斷掉了。我交代過普拉迪普，如果我修行練得很入神，就會省略一餐，到第二天再吃飯。所以，如果我現在倒在這裡，普拉迪普也不會跑出來找我，他會假設我遁入了三摩地。

我不擔心倒在雪地裡會被野生動物攻擊，我也不怕死。我只是不想這段求道之旅無疾而終，我想抵達目的地。我仰望灰色的天空，看看周遭被大雪覆蓋的樹木，又看看原始的山峰，它們都不發一語、無動於衷。我仰望天神，即使我不奢望發生奇蹟或得到幫助。我隨身帶著一根拐杖，因爲我的膝蓋有時還是會痛。我把全身的重量都放在拐杖上，把右腳從積雪裡拔出來，用空著的那隻手按摩右腳。但我只能按個幾秒鐘，因爲另一隻腳撐不住了。我就這樣兩隻腳換來換去，希望能舒緩一點不適，但完全沒有作用。現在，我的手也濕透了，而且完全沒有知覺。

寒風呼嘯，天空轉爲深灰色。我心想，與其倒在這裡，不如還是朝普拉迪普的小屋邁進。我如果靠近一點喊他，他說不定有機會聽到。我又花了二十分鐘，但總算活著抵達他的小屋了。一到那裡之後，我一開始還感覺不到自己的雙腳，等到血液循環恢復，就痛得我寧願沒有腳。這可不是一個很好的心願。

用餐過後，我面臨走回去的挑戰。我告訴普拉迪普，如果雪還這樣下個沒完，我恐怕就沒辦法過來找他。在這種情況下，我就只能靠啃乾糧過活了。他打包一些東西給我帶回去，我在兩隻腳上各套了一個塑膠袋，接著把一袋糧食背在背上，開始一步一步慢慢走回去。這次，我比較有準備了，最終也成功返抵我的小屋。路途還是很艱辛，但遠不比上一趟那麼難走。所謂有備無患，我的結論是：恰當的準備實爲成功之母、恐懼的良藥、能力與信心的種子。

後來還是繼續下雪，但我每天都去普拉迪普的小屋，因爲我穿了神廟的人給我的舊毛襪，稍微可以有點緩衝。即使襪子會浸濕，但在赤裸的腳和積雪之間隔了一層還是比較好，至少我走得動。一月之後，雪勢趨緩，但直到四月爲止，屋外都還是有一灘灘的積雪。四周的山峰到我離開的那一天都還被白雪覆蓋。

嚴冬也讓日常生活的其他方面變得比較困難，最困難的要屬上廁所。我必須到林子裡去上，這不成問題，但踩著積雪走到林子裡，接著蹲在雪地上，我的腳一下子就麻了，這種冒險實在非我所好。就某方面而言，這件事甚至比修行還困難。修行時，我可以憑著毅力和提高警覺鍛鍊我的心。但上廁所時，我的身體只能順從自然法則，不聽我的使喚。

冬天洗澡也不容易。水當然很冰，而且感覺不像在洗澡，倒像是在往身上抹雪。第一次下雪那天，我在半夜一點洗澡，當我坐下來要修行時，我的身體就像一根冰棒。我把被子蓋在身上，過了將近兩小時才暖和起來。不過，在喜馬拉雅山上萬里無雲的夜裡洗澡，莫名有種神聖的氣氛，尤其是當月亮漸盈之時。在萬籟俱寂的荒野中，我從小屋的破洞可以看到銀白色的月光灑在山頭。

睡覺又是另一件苦差事了。由於嚴寒的緣故，我從來沒有一次能把腿伸直了睡。更有甚者，如果我不小心動一下，被子輕輕一掀，穿透小屋的刺骨寒風就一路鑽進被子裡，我又要花一小時才能暖和起來。在這種情況下，我每次一連睡不到兩小時。如果為了重新暖和起來耗掉一小時，那就沒時間睡覺了。

我的棉被還蠻小件的，基於空間的緣故，我不可能放一條更大的被子在屋裡。所以，我要嘛可以把腳整個蓋住，要嘛可以把頭蓋住，但沒辦法從頭蓋到腳，而我總是選擇蓋住腳。我翻來覆去，或趴或躺，結果都沒辦法把被子從兩側塞到身體底下。

你或許會納悶，我為什麼不多弄幾件衣服或雪靴過來，或是讓小屋住起來更舒適呢？我為什麼要選擇忍受這些折磨呢？這不是因為我想虐待自己，或我想讓自己感覺像個烈士。答案還蠻簡單的，我們對身體的認同感是那麼強烈，以致於多數人終其一生忙於照顧身體所需。身體冷了，那我們為它穿上衣服吧；身體熱了，那我們就少穿幾件吧。身體餓了，那就餵它吃東西；身體累了，那就讓它休息。我們滿腦子想著滿足身體的諸多渴望——洗澡、吃飯、穿衣、打扮，以及保護它，我們成為身體的奴隸。

真正的瑜伽士必須超越身體需求，就像運動員必須逼自己突破痛苦的障礙、挑戰體能極限，求道者必須學會控制自己的身體。一旦開始鍛鍊自己的身體和需求，要鍛鍊自己的心就變得比較容易。瑜伽士必須變得對舒適與否無動於衷，直到他不只達致解脫的境地，而且學會常住在解脫之境裡。

我所面臨的困難多半都和身體有關，難道我要把修行擺在第二順位，心心念念的都是這些磨難，以追求舒適爲優先嗎？不，在我的世界沒有這種事。「如果你想過得舒舒服服，那你就去坐在飯店式公寓裡。」我都這麼告訴我的身體：「如果你想見到神，那就閉嘴乖乖修行。」

我一直認爲，在巴巴的精舍度過的那段時間，是在爲我的山居歲月做準備，就某種程度而言確實如此。不過，生活在這裡，我漸漸明白宇宙要教我的還有很多。面對更嚴酷的外在挑戰是求道過程的一部分，它考驗我的決心和勇氣、磨練我的內在能力、深化我的修行。最後，這所有的磨難都是我順天敬神的機會。我知道，若是沒有全心全意臣服於神，神就不會在我面前顯靈。

倒也不是一切都很不舒服，待在普拉迪普的小屋裡就很舒服，因爲那座小屋是石造的，裡頭很暖和。事實上，我們倆都各自生著一堆火，他的是外在之火，我的是內在之火，各有各的作用。

然而，普拉迪普有一件事很考驗我的耐性。他聒噪得不得了，和我完全相反。我一踏進他的小屋，他就開始說個不停。他會告訴我老鼠昨晚做了什麼，牠們吃掉什麼糧食、玩了什麼遊戲、如何打來打去等等。想像一下，你剛結束漫長的修行，緊接著就得聽有關老鼠的話題。

但普拉迪普的話匣子裡還裝了很多東西，他會說起他和村民們的互動，還有前一天下山時的遭遇。他也會聊起他的過去，往日種種互相穿插，聽得我暈頭轉向。我聽他說過他的喀拉拉邦（Kerala）之旅，在那邊的一座著名神廟沐浴時，他發覺他用來沐浴的水就跟流回水龍頭的水一樣，所以他其實是拿用過的洗澡水來沐浴。

他告訴我，有一次他是如何弄傷了手指。他請哥哥帶他去醫院，但哥哥堅持要穿戴整齊才出門，於是就忙著梳頭髮、穿衣服、抹面霜、撲爽身粉等等。普拉迪普急得自己跑去醫院，他哥哥梳妝打扮完畢，才騎著摩托車姍姍來遲。

多虧了普拉迪普，我才知道印度南部有一種邪教。他們會四人合力壓住一隻豬，再由一人用釘子劃破豬的肚皮，接著他們就用香蕉沾豬血吃。他告訴我，在他的村子裡有個理髮師，有一天，他一邊幫小客人理頭髮，一邊開著電視看板球賽。打者擊出六分球，理髮師一興奮就剪掉了小客人的耳朵。我問：「那孩子怎麼樣了？」普拉迪普說：「他衝出去，然後他爸爸衝進來，把那個理髮師痛打一頓。」

普拉迪普曾在一家慈善醫院工作，每天他要負責煮四十公斤的牛奶。他會把牛奶放涼，然後把牛奶結成的鮮奶油全部吃掉。諸如此類的往事，普拉迪普如果說累了，就會回到老鼠前一晚做了什麼的話題上。舉例而言，普拉迪普的大光頭上還留有一小撮頭髮。有一天，他不經意用油膩的手摸了他的頭髮，那天夜裡，老鼠就決定去咬他的頭髮。

當你修行一整夜，密集的修行一方面讓你凝神靜心，一方面讓你筋疲力竭，這時，你坐下來要吃一天當中的第一餐兼唯一一餐，聽他說這些故事實在無助於消化。我需要安靜，我請他保持沉默，但孩子氣的普拉迪普不明白，他純粹就是靜不下來。說實在的，這也不能怪他，我成天修行，致力於把心靜下來，他在那裡只是協助我而已。對人類這個物種而言，長期的與世隔絕或保持安靜並不自然，而人都想表達自我，這是基本的天性。

由於我過著隱居生活，或許只有我能理解普拉迪普躁動的心理狀態。他是外向、多話的人，曾經住在繁忙市區的熱鬧精舍裡。但在這裡，他處於可怕的獨處狀態，沒半個說話的對象。在山林裡，你可以跟鳥獸蟲魚、花草樹木說說話。如果你能靜下心來，你也可以和自己說說話。然而，這些都不是他感興趣的說話對象。而且，不容否認，這些都不是很好聊的對象。所以，他情不自禁對我說個不停。

無庸置疑，普拉迪普對我絕對是全心全意。事實上，他的謙虛恭謹和犧牲奉獻徹底征服我的心。但我一直很受不了他言不及義的閒聊，直到有一天，我突然明白宇宙安排他來這裡，是爲了考驗和鍛鍊我。要應付這種處境唯一的辦法，就是學會保持冷靜、不爲所動。說到底，這種處境跟生活在俗世中又有什麼不一樣呢？當我人在俗世，生活對我說著或好或壞的故事，世人對我說著或長或短的故事，世界對我說著或眞或假的故事，宗教對我說著或眞實或虛構的故事，人一生的一切經驗都是某種形式的故事。而現在，普拉迪普對我說著他的故事。

我體認到，我不必接受普拉迪普的攪擾，也不必對他做出回應。耳邊總會傳來他的聲音，但我不必聽進去。最重要的是，他就跟我一樣具有神性，所以我怎麼能拒絕他呢？無論生命要透過他給我什麼都好。這就是愛，愛就是安然自在，安然自在就是我在他身邊學到的東西。我從來不曾吼過任何人，從來不曾大發雷霆。但我內心如果存有一絲絲的憤怒，我都想將它徹底放下。現在，我有了這個完美的機會。擁有一顆無怒之心是天大的福分，而這種福分是密集修行的副產品之一。

＊＊＊

對我來說，長時間盤腿坐著並不難，但要一動也不動保持一樣的坐姿就是很大的挑戰了。事實上，那是我這輩子做過最困難的一件事。我歷經一段膝蓋疼痛難當的時期，只是走幾步路都變成艱鉅的任務，因爲我甚至痛得抬不起腳來。當下我有兩種選擇，一是半途而廢去看醫生，一是堅持下去。我選擇堅持不懈繼續修行，我向先聖先賢祈禱，我向喜馬拉雅山的先知祈禱，我向我景仰的成就者祈禱，請求他們幫幫我。過了一個月左右，膝蓋的疼痛稍微緩和一點。儘管如此，我一次就坐十小時，膝蓋還是痛得我難以保持專注。

爲了達到超脫之境，爲了超越這副肉身，你必須練到完全忘記自己的身體。肢體動作很容易干擾修行，因爲這些動作讓你意識到身體的存在。所以，修行時務必保持一動也不動，因爲靜定的心存在於靜止不動的身軀之中，而靜止不動的身軀有助於把心靜下來；兩者彼此互補。就像過了河你就不需要木筏了，一但成就者熟練了保持在三摩地的技藝，這些條件也就不再適用。然而，在當時，我只是個求道者，還不是成就者。我都還沒練到三摩地的境界，遑論保持在三摩地了。

就我面臨過的所有挑戰而言，目前爲止最困難的就是眼前的挑戰：做到完全心如止水。一開始，每隔幾分鐘，我的注意力就會減退。然而，在不懈的堅持與警覺之下，幾分鐘延長爲半小時，接著又變得更久一點。但不管怎麼樣，要保持專注超過第一個小時都很困難。我的目標是一心專注在太初之母上，不要失焦。如果你不明白我的意思，只要隨便想一件物品，閉上眼睛試著觀想那件物品的形象。幾秒鐘後，它在你心裡的形象就會開始模糊。初學者可以專注觀想幾秒鐘，優秀的修行者可以維持幾分鐘，成就者則能維持四小時以上。我想要更上一層樓，隨時隨地都在觀修太初之母，一天二十四小時不間斷。

注意力渙散是修行者最大的障礙，就我所知唯一突破障礙的辦法就是不要放棄。截至當時為止，恆心與耐心已助我達到想要的一切，我希望這兩種特質這次也能發揮作用。它們也確實發揮作用了，因為我的注意力逐漸變得穩定。還記得我不時痛得想要站起來，或累得想休息，但我告訴自己痛和累都會過去。即使我起身去做別的事情，時間也會繼續前進，那我還不如繼續修行。

最重要的是，我知道自己必須堅持不懈，因為瑜伽之道就是紀律嚴明之道。每當會累的時候，我就提醒自己：我之所以拋下我的家、我的家人和舒適的生活條件，不是為了休息或放鬆。我拋下一切是為了得到至高無上的神恩，是為了與神合而為一。我常常想起小時候家母用旁遮普語唱給我聽的一句頌歌：「Bhagwan da milna sehaj nahin, puthi khal lahani paindi hai」（要得著神並不容易，人必須歷經千辛萬苦。）

剛開始修行時，修行是有意識的行爲，你必須努力專心修行。然而，一旦熟練了，修行就有了新的樣貌。它從行爲變成狀態——一種下意識的心理狀態。而你若是堅持下去，它又會再次改變。修行不再是行爲或狀態，而是一種現象——它自然而然發生在你身上。

剛開始，我很難阻止自己浮想聯翩。久而久之，卻又變成另一個極端——除了太初之母以外的人事物，我都必須費一番工夫才能去談、去想。就像昆蟲朝光源飛去，我的心思老是往祂那裡跑。觀想太初之母再也不是有意識的舉動，是這種觀想自然而然發生在我身上。我總是飄飄然覺得很陶醉，那種極樂的狀態難以言喻，但你可以想像自己不斷聽著一首悅耳動人、舒緩情緒的樂曲，聽著聽著，你就會和美妙的音符融爲一體。

＊＊＊

二〇一一年一月一日，我立誓持守不妄語戒，決定今後無論如何都不會再說謊，直到嚥下最後一口氣爲止。人生在世，總是只說實話並不容易，因爲實話可能很傷人。但對一個眞心誠意的求道者而言，說實話是必須奉行的美德與戒律。四天之後，我準備展開爲期一百五十天的苦修，而這次苦修是我人生中最重要的一次。這麼多年來，我都在爲這次苦修做準備。我要在修行時持誦太初之母最經典的梵咒，而我認爲要呼喚聖名的嘴不該受到謊言的汙染。這是我對神的承諾，也是我對自己的承諾。

爲了即將到來的修行，我在紙上畫了神聖的脈輪壇城圖（Sri Chakra yantra）。身爲吉祥明教派的信徒，我供奉化身爲瑪哈．特里普拉．桑達瑞女神的太初之母，瑪哈．特里普拉．桑達瑞女神爲密續十大女神之一，敬拜祂包含三個面向：壇城圖（yantra）、女神咒，以及千聖名（sahasranama），也就是太初之母的一千個名字。就像學游泳的孩子一開始需要浮板輔助，傳統上，吉祥明教派建議信徒使用壇城圖之類外在的輔助工具，再進而轉向內在。身爲成就者，便能完全不靠任何工具觀想太初之母。

在特里普拉．桑達瑞女神的名字當中，「特里」（tri）的意思是「三」，「普拉」（pura）的意思是「狀態」。這位女神掌管意識的三種狀態，這三種狀態分別是清醒（jagrat）、做夢（svapana），以及休息或睡眠（sushupta）。在各種不同的脈絡中，我們也可以發現與此呼應的概念。舉例而言，事物的本質有三種屬性：悅性（sattva，或譯善性／純質）、激性（rajas，或譯憂性／激質）、惰性（tamas，或譯暗性／翳質）。再者，「特里普拉」（tripura）也關係到人體的三種能量屬性：風（vata）、火（pitta）、水（kapha）。人之一生也有三種狀態：童年、青年、老年。宏觀而言，我們有三個世界：陰間、人間、天界。微觀而言，人心有三種狀態：正面、負面和中立。說到底，要超越這所有的狀態，求道者無論在哪一方面、在什麼情況下都要保持專注，全心全意、堅定不移。

壇城圖是一種幾何圖形，代表觀想太初之母的形象所形成的能量場。對修行而言，壇城圖是強大的輔助工具。在開始主要的女神咒修行（亦即心中默誦女神咒）之前，壇城圖激發的能量多達一百七十一種形式。這些能量提升求道者的精神狀態，讓求道者在修行當中和之後都能集中注意力，時時專注於觀想太初之母。

千聖名的作用，是讓信徒以虔敬之心呼喚女神。背後的概念是像孩子呼喚母親一般，持誦女神的一千個名字，用意是讓信徒回歸赤子之心。仇恨、嫉妒和敵意之類的負面情緒，對信徒來講是很大的阻礙，而年幼的孩子沒有這些負面情緒。

所以，壇城圖涵蓋視覺和能量層面，女神咒是爲了安定內心，千聖名則是爲了讓你虔心敬拜。當你看著壇城圖、默誦女神咒、口誦千聖名、觀想太初之母，便是時時活在祂的神恩之中。爲了嚐到全心全意、堅定不移與神合一的滋味，求道者便須達到這種狀態。我每天用這種方式觀想太初之母將近二十小時。一旦渾然忘我地浸淫其中，你就會來到一種不只看見神，而且與神融爲一體的境界。你的身心靈都完全與神合而爲一。

一路走來，我都將神視爲一個存在體，甚至把神當成人，因爲要臣服於一個人格化的形象比較容易。現在，我的瑜伽之心開始將神視爲一切的本質：花的香氣、火的熱力、冰的寒冷、蛇的毒液。然而，對於我的虔誠和專注力，終極的考驗仍在於看到這個本質具體顯現。我要那股專注的意念在我面前顯現出來。

＊
＊
＊

隨著時間過去，我文風不動修行超長時間的功夫突飛猛進。練到一個地步，不管老鼠在我腿上或身旁做些什麼，我都不會轉頭或挪眼去看。前所未有的極樂狂喜從那份靜定中汩汩湧出。目不轉睛是修行進步的跡象，雖然只是細微的轉變，但卻是很明確的證據。因為當你深深沉浸在靜坐中，眼珠子稍微動一下，都足以讓你重新意識到身體的存在。如此一來，你就分神了。

我的專注修行隨之產生一種不尋常的現象，我發覺自己可以任意暫停心跳。我沒有練任何一種瑜伽，控制心跳不是我的目標❷，這只是在強勁的修行之下自然產生的現象。我變得能夠控制非自主的人體機能，包括調節血壓、體溫和心率。

我的靈魂出竅悠遊各界。然而，我很清楚這種靈魂出竅的經驗純粹只是意識的狀態，不是靈魂真的到處飛來飛去。當你在各種意識狀態之間穿梭，界線就變得很模糊。這些修練成果無疑讓我覺得自己有進步，尤其是我可以在一天當中的任何時候重現這些成果。因

❷據傳印度瑜伽士透過瑜伽訓練可自主控制內臟機能。

此，我相信在這背後必有因果關係和科學根據，不只是想像力在捉弄我而已。同時，我也知道這一切都是令我分心的事物，而且它們只是修行的副產品，不是我的目標。

隨著修行繼續，我很訝異地發現自己的知覺感受越來越強。我個人不太重視脈輪的概念，早在幾年前，我就已經停練脈輪修行。知覺感受自動在這些神經叢浮現，最強的部分要屬我的額頭和頭部。

我的字典裡沒有任何詞彙可以形容這些知覺感受。你要怎麼跟人描述玫瑰的香味呢？唯一的辦法就是拿一朵來聞聞看。這些知覺感受沒有絲毫的痛苦或沉重，只有一波又一波深深的幸福。我以為這些感受會消失，但它們沒有消失。事實上，時至今日，我的知覺還是時時湧現這些感受。

我在任何文獻上都不曾讀到類似的經驗。某個佛教文本曾以寥寥數語提及，但在我的瑜伽經書上都隻字未提。我怎麼了？這是怎麼一回事？這些知覺感受代表什麼意思？我毫無頭緒。但無論我有多麼強烈的感受，我都知道自己不能多留戀。我還得繼續修行，我還是沒有感覺到神的擁抱，我還是迫切渴望神。我還是不完整，我依然只是我而已。

14 開悟

就算我修行得再密集、專注，就算我心裡那麼迫切，我還是沒有看到神顯靈，我甚至不知道自己在修行上的精進是否代表我有任何進展。我的修行已達最大限度，我決定要耐著性子等到修行完成。二〇一一年二月十三日，就在我開始用壇城圖和女神咒修行的第四十天，一件完全出乎意料的事情發生了。

就在幾天之前，我的作息改成從晚上九點修行到上午十點。大約凌晨五點左右，我在完全清醒的狀態下修行時，有個形體在離我幾英尺的地方出現，它的角度有點背對著我。

過去二十年來，我練過提毗、瑜伽女、藥叉女和飛天女等各種密續成就法，這些都是太初之母的低階能量。有時我會看到仙子、精靈，但都只是稍縱即逝的浮光掠影，對我沒有任何意義。有時我會做夢夢見神。這一次，由於我是醒著的，我以爲自己又像前幾次一樣，看見仙子或精靈了，而且很快就會消失。無論如何，我都認爲這對修行來說是干擾，只是令我分心而已。

我拿出更強的定力，沉著地將我的注意力拉回修行。那副形體沒有消失，它還是對著牆壁。突然間，它開始有節奏地舞動雙手——先動動這隻手，再動動那隻手；先擺一擺右臂，再擺一擺左臂。不想被手部催眠的動作分心，我把注意力集中在咒語上。

這副形體坐在地上面對我，我還是沒有正眼看它。我沉浸在修行中，決心無視它的存在。一道甜美的女聲呼喚我道：「Aayo ji, aayo ji, Sarvanand Baba, aayo ji」（來嘛，來嘛，喔，薩爾瓦南達，來嘛。）

儘管她用巴巴賜給我的名字呼喚我，我還是無動於衷，堅持繼續修行。一會兒過後，她又重複一樣的呼喚。我心想她大概是隨侍在太初之母身旁的仙女之一，便還是不予理會。三度呼喚我的名字之後，她轉過身來直接看著我。我再也無法忽視她的存在，畢竟，她知道我很少用也很少跟人透露的名字，而且她很堅持。如果她是什麼不速之客，或她只是來祝福我的，那她現在應該已經消失了。相反地，這副形體還是盤腿坐在地上，就像母親坐在孩子身旁。

我做了一件從沒做過的事情——我在修行當中起身。當時天寒地凍，我腳上穿著毛襪。我連忙把襪子脫掉，赤腳恭迎女神大駕。空間太小，不容我五體投地跪拜祂。我伏在壇城圖上，跟冷掉的火堆略微呈對角線，向祂致上敬意。我說：「請受薩爾瓦南達一拜。」說完，我就抬起頭來。

就像禁不住高溫的蠟，就像黑暗被光亮一照便化於無形，我融化了。像我這樣的小水珠，哪知道大海是什麼？我怎能妄想與造物天后光輝燦爛的眼眸對視？看著我的正是我等了一輩子的女神。祂來了。

我看著祂姣好的面容、明亮的眼眸、小巧的鼻子和豐滿的嘴唇。祂的長髮著地，像一道黑色的河流直瀉而下。祂的耀眼令人無法逼視。就在我不支倒地之前，祂迅速托住我，輕輕將我高舉過頭，彷彿我只是一件玩具。我雙手環抱祂的頸部，當我低頭看祂時，祂炯炯有神的目光殲滅了構成我存在的每一個分子。我把臉埋入祂的長髮裡，頓時進入一個不同的世界——祂的眼眸有多明亮，頭髮就有多漆黑，猶如沒有盡頭的黑洞。祂帶領我穿過難以想像的宇宙空間，讓我看到一體兩面的二元性，也讓我看到黑暗與光明、悲傷與喜悅是如何不可分割。祂的手輕輕一推，讓我的頭向後仰。現在，祂抬頭看著我。五味雜陳的感受將我推向莫可名狀的意識狀態，我又把臉埋進祂的髮絲裡。

在我的懇求之下，在我堅持不懈的呼喚之下，祂來了。祂終於來了，但我又有什麼能奉獻給祂？沒有。祂，宇宙的主宰，在荒野中的破屋裡，坐在高低不平的骯髒地面，像祂這樣偉大的神理應坐在天界的寶座。我不知道要如何迎接祂，我不知道乞丐要怎麼向女王獻殷勤。我沒有任何純淨的聖物能獻給祂，我的身、心、靈都不純潔。我沒有供品（naivedyam）——以敬意獻上的食物。我連一朵花都沒有，但我想爲祂奉上獻禮。

我心想，還有什麼比祂自己的名字更聖潔的呢？謳歌太初之母的頌歌從我嘴裡脫口而出，發自我內心的最深處。我勉強抬起頭來，盡我所能放聲歌唱。祂再一次輕輕將我前後搖晃，給我一抹神祕的微笑，笑容裡滿是愛、寬容與慈悲。接著，祂把我放下來就消失不見了。祂是我一直以來渴望的一切，祂是我所知的一切。

我的手錶顯示凌晨五點零八分。我大聲禱告，由衷呼喚，甚至不禁笑了起來。好一會兒，我就在禱告、呼喚和大笑之間交替。漸漸地，我意識到自己身在何處、剛剛發生了什麼事。在無神論者或世上其他人眼裡，我的經驗可能只會被當成走火入魔或精神分裂產生的幻覺。別人怎麼想都沒關係，因爲在這之前，如果有人跟我說類似的經驗，我也不會相信。或許要有很豐富的想像力，才能想像我與女神的奇遇。我所看到的一切絕非筆墨所能形容。

無庸置疑，我剛剛經歷的一切就跟山巒、小屋、我坐的地板、我自己的呼吸一樣眞實。那些話語，那些碰觸，那些互動，都是千眞萬確的。但我沒有證據，唯有遁入我這種狀態的人，才能看見我看見的事實眞相。在那一幕的異象當中，我看見太初法則，我看見創造的能量。

* * *

我來這裡要找的東西已經找到了，但我還不打算離開。我想實現在這裡待滿一段時間的誓言，不只向太初之母的咒語致敬，也向密續成就法敬拜的其他神聖能量致敬。最重要的是，我要學習與這份修行而得或在內心找到的恩典共處。我想為有情眾生的福祉祈禱。如今，我也加入了成就者的行列，我想向先聖先賢致上敬意。

我開始體會到一種非比尋常的幸福，而且這種幸福感持續不間斷。但在同時，我也老是頭暈。有時候，我覺得彷彿有人在拽我腦袋裡的某個地方。有時候，我覺得像是有人在按摩我的額頭。走路、吃飯、和普拉迪普交談、聽他說故事等日常瑣事都變得很困難。我必須學習如何吸收那股在我體內流竄的強大能量。所以，我決定展開嚴格的百日閉關，我需要這段時間來消化自己看到的異象。

我把閉關計畫告訴普拉迪普，多虧他縝密的安排，我的計畫才得以實現。我改變作息，開始從晚上七點修行到凌晨四點。一個月總有一、兩次，採集牧草的村民會從這裡經過。萬一發生這種情形，普拉迪普就會請他們保持肅靜。他們不只保持悄然無聲，也保持一段距離。百日閉關期間，我不曾與任何人見面，也不曾看到任何人影。普拉迪普會在凌晨一點起床，沐浴過後進行晨禱，並在凌晨四點之前備妥我的餐食。他會到我的小屋附近的小廟，藏在廟牆後面搖鈴。如此一來，我們就不必見到彼此。

接著，我就會出來到他的小屋去用餐，花將近一小時吃飯，因爲用餐對我而言就是一種儀式。它是我向大地之母、栽種穀物的農夫和煮飯的普拉迪普表達感激的機會。胃裡的消化之火叫做吠吁乏納拉（vaishvanara）。我將每一口食物都獻給這把火，就像火祭時獻上的祭品。爲了表達感激，時至今日，我仍將用餐當成一種儀式。

我去用餐時，普拉迪普或者靜靜等候，或者去我的小屋把水桶裝滿。萬一屋頂上的防水布在夜裡被暴風雨吹落，他也會趁機修理一下。如果我需要跟他溝通什麼事情，我就留張字條在他的小屋。

接近三月底時，我感覺腎臟一帶有一股刺痛感。我很訝異，因爲我的姿勢已經很完美了，沒料到還會有任何這裡瘦那裡痛的問題。膝蓋的劇痛、嚴重的背痛、疲勞的身體、手臂和肩膀疼痛，我都經歷過了。這股新冒出來的疼痛又是怎麼一回事？床鋪中間的那塊木板已經完全陷下去，坐在上面既不平坦亦不貼合，或許我的坐姿是導致疼痛的原因。我把枕頭墊在木板上，但也無濟於事。我減少一小時的睡眠，用這段時間做一些瑜伽伸展動作，但疼痛也只是稍微緩和一點而已。我必須長時間久坐，卻變得沒辦法一連坐著幾小時不動。但我不打算放棄我的一百五十日閉關，我得想辦法擺脫這股疼痛。

思前想後，我突然想到自己將近兩個半月沒見到陽光了。我在天色仍黑時吃早餐，之前我偶爾會在白天步出屋外，但現在我已將近十週沒曬太陽。我生活在冷入骨髓的小屋裡，沒有生火取暖。第二天，我不練瑜伽了。我在外面鋪了一塊墊子，背對太陽而坐。那天夜裡，體內的疼痛就舒緩許多。接下來幾天，我都重複這麼做，那股疼痛最終就消失不見了。我始終不知道確切是什麼導致疼痛，但坐在太陽下解決了問題。

品嘗獨處的甘甜，潛入平靜無波的心海，我的日子就在深沉的修行與透徹的覺知中度過。我對周遭一切的感覺都很敏銳——蜜蜂的嗡嗡聲，蜘蛛在牆上爬行，天上降下的每一滴雨水。我不會漏掉一絲掠過腦海的思緒，我的覺知真的來到一個不同凡響的境地。

我的直覺反應也來到新的境地。無論想到什麼問題，心裡都會傳來解答的聲音。一天，在修行當中，同樣一道來自心裡的聲音指示我造訪卡馬克雅。這道聲音說我會在那裡接受至尊密續灌頂（sarvoch tantric diksha），也就是最崇高的密續灌頂儀式。我想起帕拉維師姊在巴德里納的預言。我決定完成修行之後就去卡馬克雅，但眼前我只活在當下這一刻。我是一艘漂浮在極樂之海的小船；不，準確來說，我本身就是極樂之海。

我內心的沉靜非筆墨能形容。就像把牛奶攪成奶油之後，奶油就再也不會變回牛奶了，我的心恆常處於不可逆的平靜與喜悅之中。無論什麼情況都不受影響，面對生與死、接納與拒絕、讚美與批評都不爲所動——這種淡定與超脫從我心裡油然而生，得來全不費工夫。

我打開筆記本潦草寫下：「開悟並非轉瞬間一蹴可幾之事。我們或許會有頓時恍然大悟的一刻，但行走在人世間，是正念讓我們能夠清楚意識到自己的一言、一行、一念。體認到我們不只是這副軀殼是一回事，當別人傷害我們時無動於衷又完全是另一回事。我們或許能察覺憤怒摧毀內心的平靜，但不管受到多大的刺激都保持平靜，這才是眞正的開悟。

「爲什麼佛陀苦行六年方得解脫呢？如果那是瞬間就能悟得的道理，他在第一個月就該開悟了呀。大雄尊者（Mahavira）花了十年，羅摩克里希那·帕拉宏薩（Ramakrishna Paramahamsa）花了十二年。經驗、教訓、見解不斷累積，最終才讓一個人達致開悟之境。水在攝氏一百度沸騰，但煮到這個溫度要花一點時間。用來煮水的火焰本身已具有太陽一般強大的熱力，但水要達到沸點才會沸騰。靈魂或意識向來都是純潔的，需要達到沸點的是有意識的心；潛意識則須吸收種種學到的東西。

「耶穌被釘上十字架時沒有激動的反應，祂有的只是寬恕。甘地遇刺時沒說：『靠，我中槍了！是誰幹的？』他想起他信奉的神，嘴裡只吐出一句：『啊，羅摩！』❶有意識的心將頓悟或恍然大悟加以消化、吸收，但真正的解脫顯現在潛意識深處；需要透過修行達到開悟的是這個部分。開悟讓我們知道如何優雅、獨立、喜悅地活在人世間。」

我還想寫下更多心得，但卻覺得頭很暈，捉不住游來游去的文字。我還真的考慮過要拋棄這副軀殼，融入至高無上的意識裡，因為我在這世間再也別無所求。我所尋求的一切，生命都已賜給我了。生命賜給我的甚至多過我所求，我已達成自己追求的目標。若是將我的個體存在比喻為一顆種子，那麼這顆種子已在柔軟的開悟之土中腐化。我的求道之旅圓滿了。

我可以選擇放下肉身，但我覺得若是這麼做就太自私了。我應該把我學到的東西傳下去，這是我對宇宙的虧欠。我不想指點別人該怎麼做，只想引導他們、與他們同行，因爲我堅信每個人都該學著當自己的主宰，而不是被人牽著鼻子走。就受到宰制而言，別說外在的宰制了，就連在心裡，多數人都被自己的思緒和情緒牽著鼻子走，殊不知理應反過來才對。開悟爲我們逆轉局勢：我們的思緒和情緒由自己作主。

是時候重新定義出家爲僧這件事了。出家人爲什麼要成爲社會的負擔呢？我們應該爲自己的食衣住行負責，而不是靠別人供應所需。我想出家爲僧，但不想托缽乞食。我發誓絕不爲我個人的需求接受供養，我不想成立一個到處都有精舍的組織。我必須忠於自己的使命，才能幫助其他求道者跟我一樣嘗到涅槃的滋味。

❶甘地遺言 Hey Ram，類似於「喔，天啊」之意，Ram 指印度教信奉的神祇羅摩。

我預計在六月三日下山，普拉迪普通知村民說我會在村子裡待兩天。如今我的修行結束了，他決定去札格納特神廟朝聖。今年稍晚我會再跟他見面。

六月四日，許多村民都來迎接我。巴勃羅力邀我去查莫利的阿那蘇耶神廟下榻，我同意了。我也主持一個小型的庫瑪麗祭典（kumari poojan）。祭典中，十六歲以下的女孩們以太初之母的形式受到敬拜與供奉。祭典結束後，每個人都得以飽餐一頓。食材只有兩條茄子和一顆綠花椰菜，卻讓四十個人吃得心滿意足，有些人甚至吃了兩份。我不是說這不可能，除非有奇蹟發生，我只是想表達自己對宇宙奧祕的讚歎。咖哩變多了嗎？那不重要。重要的是每個人都茶足飯飽地回家去了。

離開那片山林時，我一時有點感傷，因爲這地方不只安靜、優美，而且太初之母就是在這裡對我顯靈，這裡就像祂的倒影。但話說回來，又有什麼不是祂的倒影呢？更何況，無論我有多愛這裡，我還是得向前走。既然都棄世了，對一座山戀戀不捨又有何意義？無論留戀的是什麼，依戀之情都是束縛與煎熬的原因。

樹木和我有著不謀而合的共同點，它們也有一種淡定和超然的感覺。它們在土裡生根，我則在我的信仰裡落地生根。它們沒有改變姿勢，沒有試圖引誘我回來。我的態度也沒有改變，因爲我知道，這世間唯一值得去愛的就是慈悲的情懷，而不是慈悲的對象。畢竟，與心愛的人事物分開是不可避免的，大自然和我都明白這一點。我感謝這片山林，並懷著喜悅的心離開，再次浸淫在有關太初之母的沉思默想之中。

15 超越

腦袋裡強烈的感受持續造成影響，我還是覺得日常雜務做起來很困難。我想要有更多獨處的時間，以便學習如何在這種脫胎換骨的存在狀態中行走坐臥、吃喝拉撒。

借宿阿那蘇耶神廟那兩天，我遇見一位苦行僧，他邀我去他的山洞作客。我雖覺意興闌珊，但還是接受邀約。第二天，巴勃羅陪我一同前往，並在山洞中用手機爲我拍了張照。於是，相隔七個月之後，我首度好好看了看自己的容貌。在山林裡，我都是借助一面小鏡子往額頭上抹紅點，但那面鏡子太小了，看不見我整張臉。不出所料，我長了滿臉的鬍子，頭髮也需要再剃一剃。但我本來以爲會看到凹陷的臉頰和蒼白的皮膚，沒想到我實際上看起來很健康，不只散發前所未見的光澤，兩眼也閃著奇異的光彩。這眞的是我嗎？

返回神廟途中，我走得很吃力，因爲腦袋裡的感受令人招架不住。我覺得頭很暈，便垂下頭來。突然間，地面從視線中消失。我的內在視野全開，迎接眼前的一切——腳下的地面、小徑上散落的樹葉、周遭的樹木、走在我身旁的人、剛剛竄過去躲到大石頭後面的一條黑蛇、頂上的天空……天地萬有融入我之中，或者該說是我融入天地萬有之中？

我在小徑中央坐下，沒辦法再往前多走一步。我跟巴勃羅說，我要進入深度催眠的狀態了，之所以發生這種情況，是因爲我還沒學會如何一面度日如常，一面消化那份深邃的寧靜。巴勃羅問我這種狀態會持續多久，我說我不知道。他很好心地等在那裡，過了一會兒，我覺得比較清醒了，我們就慢慢走回神廟。第二天，我剃了頭，隨後就啓程前往赫爾德瓦爾。

和畢迪安南達斯瓦米在那裡待了幾天之後，我在六月十九日前往卡馬克雅。三天後在這裡有一場盛大的慶典，人潮愈聚愈多。我向來不愛人多的地方，便兀自朝卡馬克雅神廟走去，沒主動去找任何人。我決定在神廟的院子裡等五分鐘，我心想，如果我在山上得到的指示是眞的，不只是我的幻覺而已，那就應該會有人來找我。

還在山林裡隱居時，我形成一套和太初之母交談的方式。現在，我告訴她，我只打算按照手錶上的時間等三百秒。這段時間如果沒人來找我，那我就不等了。我繞著神廟走了一圈，再回來到院子，從我的袋子裡拿出手錶，開始倒數計時五分鐘。

過了不到兩分鐘，就有一個穿著白色庫塔❶搭配長褲的男子朝我揮手。他的舉動完全符合我的條件：我沒有採取主動，時間不到五分鐘，而他看似很想跟我談一談，我朝他走去。即使貴爲婆羅門，他還是坐在一名身穿黑袍的密續修行者旁邊。結果這位修行者是一名阿果拉教徒；阿果拉（aghora）是左道性力派的一個支系。

然而，這位阿果拉教徒就跟多數修行者一樣，多的是誇誇其談，少的是身體力行。就像一位好工匠不會到處炫耀他的工具，一個好的阿果拉教徒也不該賣弄他的排場。然而，這個人卻弄了個圓形的火坑，把各式各樣的物件展示在一旁：一顆骷顱頭、幾塊骨頭、一盒朱砂粉、一盒薑黃粉、一只鋼碗、幾個裝了灰色和黑色灰燼的容器，乃至於其他許多東西。這一切不過是爲了誘人和唬人罷了，畢竟，阿果拉教徒在白天不會舉行任何儀式；所有阿果拉教的儀式都是在夜間進行，而眞正的修行人總是保持低調不張揚。

但這個人的乞食缽卻很引人注目，他的缽是用人的頭骨做成的。他讓我拿起來看個仔細，我必須承認這個缽有強大的能量。就像蝙蝠可以聽到人耳聽不到的音頻，牠們借助這項本事移動、捕食及保護自己，求道者經過修行養成對能量的敏銳度，因而能夠感應到普通人無法察覺的能量，成就者便用這股能量來助人。

將這副頭骨捧在手裡時，我感應到一股流動的能量，而且感覺得出來，這不是普通人的頭骨，它的主人是一名阿果拉教徒。我說這是一個非比尋常的乞食缽，那人聽了點點頭，露出得意的笑容。接著，他滔滔不絕地說起這個乞食缽的來歷。原來，他的師兄被蛇咬死了，在上師的同意之下，他取走師兄的頭顱，剝掉頭皮，舉行爲期四十天的儀式後，用頭骨裝酒獻給上師，再把它當成乞食缽來用。

❶ kurta，印度傳統服飾，為無領的半開襟長上衣，衣長至膝下。

我是因爲那位婆羅門才過來坐在這兩人身邊的，和這位阿果拉教徒交談的同時，那位婆羅門想知道我來卡馬克雅做什麼。我沒有回答他的問題，反倒告訴他爲什麼他會在那裡，以及過去幾年他都做了什麼。接著，我又跟他解釋爲什麼他的修行不成功。他藏不住內心的震驚，不禁啜泣起來，他對我的一席話不置可否，也沒再多說什麼就起身離開了。

我重拾和那位阿果拉教徒的談話，過了十五分鐘左右，我開始覺得自己是在浪費時間。正要離開時，那位婆羅門又回來了。這次，他很恭敬客氣地問我爲什麼來到這裡，是爲了參加慶典嗎？我只說我來這裡修行一個月，並問他能否推薦一個清幽的地點給我。

那位婆羅門突然喊了一聲：「喂！這裡！」邊喊還邊朝另一位苦行僧揮手。這位苦行僧也是一身白衣白褲，他走過來我們這邊，他倆便聊起來。幾分鐘後，我跟他們說我要走了。一聽我說要走，剛剛過來的那位苦行僧就堅持要請我吃一餐。我沒興趣跟他吃飯，但他不放我走，我只好同意了。我們三人一起到他家去，留下那位阿果拉教徒，因爲他不能丟著他的火坑不管。

結果這位苦行僧想辦一場持咒禮（mantra purashcharana），也就是爲期一段時日的誦咒敬拜及祈願儀式。以伽耶特黎女神咒（Gayatri Mantra）的持咒禮爲例，修行者可以選擇在四十天內吟頌這則咒語十二萬次。換言之，每天要從同一時間開始，一天誦咒三千次。持咒禮共有四個部分：火祭、水祭（用水或別種液態物質祭神）、洗禮（用水祭中所用的液體洗淨自身）、設宴（在儀式的結尾宴請婆羅門或其他成就者）。

在持咒禮開始之前尙需舉行一些預備儀式，包括召喚神力和保護靈。在預備儀式中，求道者必須以梵語誦咒。唯有以密續的方式進行，或在上師的指導下，才能捨棄預備儀式的必備條件。

這位苦行僧要舉行的是吠陀持咒禮，必要的儀式缺一不可。他請那位婆羅門主持敬拜當地神靈的儀式，但那位婆羅門不懂要怎麼做，他只是修練密續而已。那位苦行僧期待地看著我，我已棄世出家，而出家人不該爲別人舉行宗教儀式。由於他是苦行僧，而且誠心修行，我決定爲他主持儀式。

爲了報答我，他請我們吃美味的扁豆飯，並問我來訪卡馬克雅的原因。我說我想找合適的地點修行一個月，他提議我去一座叫做悉地甘尼許洞（Siddhi Ganesh Gufa）的洞窟，那裡也有五顱座（panch-mundi asana）。五顱座是一種密續寶座，由五種不同生物的顱骨埋在土裡而成，其中包括一顆人類頭骨。埋下五顆顱骨之後，再用火化的骨灰和薑黃粉等材料填滿。坐在這種加持過的寶座上，用玄奧的咒語召喚女神，是修練密續很重要的功法。

一聽說有這座洞窟，我二話不說從他家跑出去，按照他的指示找了過去。就在他指示的一座神廟附近，我得爬下三百階的台階，才能來到悉地甘尼許洞。那座洞窟位於布拉馬普特拉河（Brahmaputra river）河畔。

不幸的是，那裡已經住了兩位苦行僧了。其中一位是正在潛心禱告的密續修行者，他坐在五顱座的前方，而不是坐在五顱座上，並在實際該坐的位子上放了一盞油燈。我站在那裡等這位密續修行者禱告完畢，另一位苦行僧則與我攀談起來。我沒興趣閒聊，正打算要走，那位密續修行者就結束禱告朝我走來。我告訴他，坐在五顱座前方沒有意義，這就像是坐在游泳池邊唸著水、水、水，祈求身上能沾濕一樣。我也提出一些可以改進的小地方，這些改進對他的修行有幫助。

他聽了深受感動，並問我爲什麼到那裡。即使是對他，我也只說我想找一個安靜的地方靜坐。他推薦我去見他認識的一位苦行僧，說那位苦行僧是具格的密續行者。我有點不甘不願，但他堅持要我跟他見一面，並提議帶我過去。

第二天，我們見了那位密續行者，這位五十多歲的前輩修的是左道性力派。當我坐在他面前時，在喜馬拉雅山森林裡指引我前來此地的聲音，現在明確地要我跟他分享我此行的目的，包括我想接受的密續灌頂儀式在內。於是我遵照這道聲音的指示，對他據實以告。

「我只認識一位有資格傳授灌頂的成就者。」他說：「他很老了，而且過去二十年來都沒爲任何人灌頂。我不敢保證他會爲你灌頂，但你絕對是我會向他推薦的人選。」

我跟著他穿過大街小巷，拐來拐去一番，才終於抵達目的地。我被帶進一棟小房子裡，那位密續行者又瘦又弱，面向門口坐在一塊墊子上，彷彿正在等我過來。在他一旁坐著一位帕拉維，年紀想必有八十好幾了，容貌卻美得令人屏息，而且有種難以忽視的光環。白皙的皮膚，高聳的顴骨，除了幾條魚尾紋，臉上沒有一絲皺紋，儘管她的頭髮都白了。她不會說英語，印度語也只會說一點，她的母語是阿薩姆語。感覺起來，她就像我的母親一樣。

我們向那位密續大修行者致上敬意。他看著我，我們甚至都還沒提起，他就笑著說：「我會爲你灌頂。」他很清楚我們所爲何來，但我倒也不意外。在山上見過異象之後，天地間就再也沒有什麼能令我意外的了。

他們將我介紹給那位與行者同住的帕拉維，她把手按在我頭上爲我賜福。行者問我之前受過的灌頂和做過的修行，他也想知道我出家之前的俗名，以及爲我剃度、領我入門的上師是誰。回答完他的問題之後，他說他可以在慶典期間爲我灌頂，因爲在這裡被稱爲卡馬克雅（Kamakhya）或卡馬克希（Kamakshi）的太初之母應該是在這段期間月經來潮。月經來潮象徵著準備生育、準備演化的女性能量。與月亮的週期有直接的關聯，這五天是密續修行者的大吉之日——不只是自身脫胎換骨的好日子，也是將七情六慾昇華爲超凡能量的好日子，一方面有益自身的修爲，一方面也利益眾生。這位密續行者將六月二十九日定爲我的灌頂之日。

我去火葬場看看那裡適不適合待一個月，也打聽了一下之前在巴德里納遇到的那位帕拉維師姊。我跟每個我碰到的人描述她的長相，但都沒人聽過這號人物。就連在卡馬克雅土生土長的本地人，還有在這裡住了六十多年的耆老，也都對她一無所知。我再次不覺得意外。

火葬場還挺現代化的，他們把屍體放在鐵架上燒。火化一完成，就把柴堆澆熄，以節省木柴。結果這地方不適合我修行一個月——這裡沒有傳統的火葬堆，又離大馬路太近，附近還有一座香火鼎盛的濕婆神廟。而且，這裡到處都是喝酒、嗑藥的神棍，裝成一副密續修行者的模樣。

多虧這些神棍，世人常誤解密續及其本質，密續因此和性愛、按摩、瑜伽等等畫上等號。殊不知這並非密續之所起，亦非密續之所終。密續是修行者突破心之制約的內在旅程，旨在超越受到制約、自私自利的自我，看見眞實的自己。我正沉浸在這些沉思默想之際，濕婆神廟的一名委員朝我走來。

問明我的來意後，他堅持要我住在他們的神廟修行，甚至保證爲我做好必要的安排。

我挑選修行地點的方式很簡單——每當去到一個地方，我就會感應一下那裡的能量。我總是聽從自己的第一個直覺，而我的直覺從沒錯過。我在這裡感應到的能量不對，遂打定主意要另覓他處。

距離我的密續灌頂還有一點時間，於是我決定去西孟加拉邦，希望有人能跟我聊聊我的異樣感受。我搭火車到新賈爾派古里（New Jalpaiguri），再搭共乘計程車到大吉嶺，在那裡參觀了三座寺廟，體認到一件事：喇嘛們成日忙於日常雜務、祈福儀式和研讀佛經，沒有時間修行。儘管信仰是純粹的、教法是深奧的、教義是原創的，但宗教一旦制度化，就會變得僵化。就像靠維生系統存活的腦死病患，旁人唯一的慰藉僅在於這位病患還在呼吸。我替佛陀感到寒心。

在其中一座寺廟，我遇到一位喇嘛，他告訴我有一位資深喇嘛隱居山林、勤練修行，他鉅細靡遺地介紹這位喇嘛的一切。這位喇嘛現年七十好幾了，我很想見見他。我提到我精通大手印，我練大手印練了無數個小時。

「你可別跟他說這些，他會很生氣。」他說。

「生氣？」

「是啊，因爲你沒有佛教喇嘛帶你入門就自己亂練。」

「你是說他會『生氣』嗎？」

「喔，是啊，他眞的會很生氣。」

聽到這裡，我就決定不要去見那位資深喇嘛了。如果他修了這麼些年也修不掉他的脾氣，那他是能跟我分享什麼心得？過去七十年來，他到底修了什麼？他用什麼來修行？他參透、放下了什麼？我默默尋思著這些問題。我不禁想起那伽巴巴，如果我們不能超越自身的束縛，再怎麼修行、拜神、祈禱都沒有意義。

我前往甘托克，又再參觀了幾間寺廟，但都沒碰到令我感興趣的人。我去了遠離人車和噪音的隆德寺，遇見一位教佛法教了一輩子的喇嘛，跟他聊了一下我的歷程和近況。他伸手按在我的脈搏上，我暫時止住自己的非自主人體機能，他摸不到脈搏大爲震驚。我還以爲可以從他身上學到一點東西，結果反倒是他對我佩服得五體投地，作勢要在我面前跪下。

把我介紹給他師父的年輕喇嘛也在房裡，他正要跟著跪下來，但他倆都被我攔住了。那位師父告訴我，他從未見過能夠控制脈搏的人，或像我所說的一動也不動修行那麼久的人。我說我時時都有很強烈的知覺感受，他也說沒碰過這樣的人。

這位喇嘛對佛教和藏式修行瞭如指掌，他談修行說不定能談得比我更引人入勝，也更啓迪人心，但他卻沒有親身實修而來的領悟。他熟讀三藏——佛教的主要典籍；他能闡述佛教大乘、小乘和金剛乘的教法；他也能大談經和密續法門……但紙上談兵又能談到哪裡去？我搖搖頭，謝過他就離開了。

我在指定的日子回到卡馬克雅去見那位密續瑜伽士。我抵達時，他正在練克利亞（kriya），而我迎面就看到一顆砍下來的山羊頭。這是我第一次這麼近距離看到砍下來的山羊頭，感覺很詭異。牠看起來就像還活著似的，眼睛半開，嘴唇微張，小小的牙齒露了一些出來。我不禁爲這隻可憐的動物難過，要是他們在我面前宰殺牠，我一定會制止他們。

那位密續行者遞給我一個比大拇指還小的容器，吩咐道：「用你的大拇指、食指和小拇指捏著它。」他倒了酒進去，以神祕的手印爲它加持，然後就請我把酒喝掉。

我向來滴酒不沾，而且，作爲灌頂儀式的一部分，我前一天就禁食了。所以我有點擔心，因爲我不想喝得醉茫茫。我表達了抗拒，那位密續行者說：「這不是酒，而是經過加持、獻給太初之母的祭品，就算你喝一公升下肚也不會醉。而且，別再稱它爲酒了，因爲它是五摩事之一。」

五摩事（pancha-makara）是密續儀式所用的五種元素，每一種元素的開頭皆爲「摩」❷。這些元素可以用原始的形式，也可以用替代品，依修行的特性而定。除了酒之外，瑜伽士也給我黑燕麥、烘過的穀物、椰子水和花。最後，我啜了一口酒——只夠沾濕嘴唇的量，心裡知道這是我這輩子第一次喝酒，也是最後一次。如此這般，我就完成灌頂了。

❷「五摩事」指摩迪亞（madya，酒）、摩恩薩（māṃsa，肉）、摩特司耶（matsya，魚）、摩德拉（mudrā，穀物）及摩伊圖納（maithuna，性交）等五件元素。

帕拉維那天身穿紅衣，看起來很美，光滑的額頭上裝飾了光彩奪目的珠寶，眉心一顆紅點。她煮了飯想餵我吃，但我不好意思讓她餵。食物很好吃，我吃得津津有味。在她的堅持下，我吃得比平常還多。在我離開之前，這對男女爲我祝福。

我一時心血來潮，跑去喜馬拉雅山東麓的拉瓦村（Lava），在一棟與世隔絕的小屋裡修行一個月。然而，異樣的感受還是沒有消退。現在，我能讀書寫字了，但撐不了太久。一天，我遁入深沉的冥想，祈求太初之母給我解方。一道內在的聲音指示我練四十天的克利亞瑜伽，那道聲音說：「這麼做有助疏通你的能量，你必須駕馭火呼吸。」火呼吸又稱爲來自太陽神經叢的呼吸，乃是經由右側鼻孔呼氣和吸氣。這麼做會大大提高體溫，所以最好是在涼爽的氣候下練習。

我回到喜馬拉雅山北麓，到一個叫做魯德拉納斯的小村落待到修行期滿。魯德拉納斯位在海拔一萬四千英尺處，因爲極端的氣候，一年當中只開放六個月。我在荒涼的地點找到一間小屋，決定就在那裡修行。附近有一座美麗的濕婆神廟，多數神廟供奉的都是濕婆林伽，這座神廟供奉的卻是濕婆神像，實屬罕見。

我積極勤練克利亞瑜伽。正如那道聲音的預言，這種成就法助我掌握自己的能量。但異樣的感受非但沒有減輕或消失，反而還增強了，只不過現在都集中在額頭。我的身體不再顫抖，我也發現讀書、寫字和走路都比較順了。一股強烈的喜悅流過我全身上下，就像恆河流過喜馬拉雅山。

練完克利亞之後，我下山到一座叫做戈佩斯赫瓦爾的小鎮，在那裡住了一晚。現在，是時候讓親朋好友知道他們又能見到我了。在告別信中，我承諾過一旦開悟得道就會重新和大家聯絡。現在，是時候實現諾言了。

我借了電話，從我的旅館房間打給父親。

「眞抱歉那樣離開你。」這就是我脫口而出的第一句話，我已經沒有權利喊他一聲「爸爸」了。

「你這樣說就太不了解我了，斯瓦米吉，你離開是爲了一個很好的理由，而我已經認你爲我的上師了，你務必把我當成其他徒弟一樣來對待。如今，你屬於這個世界，斯瓦米吉。」

我對他的反應並不意外，因爲他從來不曾干涉我的生活，但他的恭敬與接納出乎我意料。事實上，我也沒預料或期待什麼，我純粹只是遵守對家人的承諾，因爲我愛他們、在乎他們。他把電話交給母親，即使她努力要保持堅強與平靜，她的聲音還是哽咽了。我也跟拉揚和迪迪通了電話，並說我過兩星期就去看他們。

最後，我在十月七日造訪曾經被我稱之爲家的地方。若要受人布施，這裡是我第一個想要接受布施的地方。我所有親近的親屬都在場，從他們眼裡，我看到離別帶給他們的痛苦。當你在乎的人死了，你可以找到辦法安慰自己。但當你深愛的人有意選擇消失不見，而你不知道他人在何方，那完全是另一種層次的痛苦。

以我的雙親爲濕婆神和夏克提女神，我請他們坐在高位上，向他們行禮。每一位男性長輩都是我的父親，每一位女性長輩都是我的母親。世人都是我的家人，但我沒有家。我屬於每一個人，但沒有人屬於我。我無條件愛每一個人、關切每一個人、對每一個人的痛苦都有同等的感受。我不是行動家，而是沉默的旁觀者。我就像寂靜的遠山，巍然聳立、如如不動。我也像遼闊的天空，雲淡風輕、一望無際。

稍晚，和父親談話時，他的第一個問題是：「你有什麼要開示我們的呢？」

「宇宙有萬億歲，銀河系和我們的星球有幾十億歲。人類存在於世間幾百萬年，但平均一個人的壽命不過七十歲。人生苦短，務必珍惜，切勿虛度。人生不是一個需要面對的挑戰，也不是需要打倒的敵人，更不是需要解決的問題。人生是一條流動的河，我們要做的只是順水而流。」我說：「去愛，去活，大喜，大捨。」

我也私下見了母親，就跟父親一樣，她隔著一段距離向我鞠躬。我雙手合十，請她切莫再這麼做，因爲無論我成爲什麼或成就了什麼，她永遠都是我的母親。我無疑已投入太初之母的懷抱，但親生母親的懷抱也一樣高貴。我凝視她泛紅、微腫的眼睛，在她溫柔的笑容背後，我看得出來她剛剛流過眼淚。看著一身僧袍的我，她似乎有話要說但說不出來。

「預言應驗了，一字不差。」她柔聲說道。

「媽，什麼預言？」

她把我出生前她和那位神祕行者的對話告訴我。

「妳爲什麼不早點告訴我呢？」我問。

「我從來不想阻止你求道，但在內心深處，我還是希望如果不去提，或許這個預言就不會成眞。」

「我出家，妳難過嗎？」

「只要能讓你快樂，我又怎麼會難過呢？斯瓦米吉。如今我可以對世人說：我是一位聖僧的母親。」

後記

開悟的意思不是要你活得像乞丐，也不是要你去過刻苦、禁慾的生活。相反地，開悟意味著活在愛、慈悲與眞實的光輝之中；開悟是要你學會活得沒有保留、沒有罣礙。我看過許多教別人棄世與超脫，但卻對自己的想法、日程和財物很執著的師父和僧人；我也見過寺院裡的僧侶上餐館、逛商店，亟欲享有自己負擔不起的東西。與其向人乞討，與其當覬覦物質享受的窮和尚，還不如大隱隱於市，入世卻活得不執著。

對儀式和經文的認識、花在寺廟等場所的時間、基於宗教信仰所募集的款項——我很遺憾必須告訴你，這一切都和神沒有關係，除非你對神敞開心扉。除非你很清楚這些宗教行爲的目的是淨化自身、培養慈悲與感恩之心，否則諸如此類的舉動甚至不能帶來獨立思考，更遑論開悟了。無論是對某個宗教理念還是其他理念，你愈是執著，就愈限制自己的自由。我所見過最沒有彈性的人，通常都是那些最「虔誠」的人。宗教是人類發明出來的；宗教是畫大餅的中盤商，承諾得多、兌現得少。更有甚者，這位中盤商難得幫我們和對的供應商接上線。

有些經文說人間一切如夢幻泡影，或人死後有天堂和地獄。依我說，在有形萬物的背後，或許藏有無形的實相、看不見的本質，但這不代表眼前一切就是虛幻不實的。在親密的時刻裡感受到的歡愉、孩童的笑靨帶給你的喜悅、成功的美妙滋味、達成目標的快感……這一切或許短暫，但都不是幻覺。我們從飲食得到的滿足與營養也是一時的，但我們不會就此絕食，或去找尋一種服下之後就再也不用吃東西的仙丹。

世間一切或許短暫，但這不代表一切都是虛幻不實的。無論如何，沒有什麼是絕對的，也沒有什麼是永久的。事實上，世間萬有都處於變動不息的狀態中，天地萬物一體相連、互依互存。智慧只對敞開心扉迎接眞理的人說話，而眞知灼見根本不說話，只待你去領悟。所以，我沒辦法給你任何眞知灼見，你必須向內探求，我只能分享自己的所學。

奎師那、耶穌基督、佛陀、穆罕默德與世人分享他們學到的知識和體認到的眞理，但電燈不是他們發明的，火不是他們創造的，農具也不是他們發明的。我們要感激賜給世人這些禮物的天才，也要感激傳遞偉大思想給我們的聖人。這兩者之間有高下可言嗎？我們需要科學，也需要靈性的啓發。我們依賴宗教與神學，因為我們失去對自己和人類同胞的信心。結果就是我們需要外在的支柱來支撐自己，開悟就是讓自己脫離那套支持系統。你不再需要外在的支柱，事實上，你自己就是神聖的愛與光，你自己就是支柱。

這一生很珍貴，而不分好壞所有宗教都只是概念而已。你愈快醒悟到這一點，就愈快超越這一切。但眞理並非普世眾生一體適用，而是屬於個人的私事。愛因斯坦在實驗室裡發現眞理；佛陀在一棵樹下發現眞理；愛迪生在電燈泡裡發現眞理；蘇格拉底為眞理不惜服毒；耶穌基督為眞理被釘上十字架。比爾．蓋茲在微軟找到眞理；史蒂芬．賈伯斯在蘋果找到他的眞理。你的眞理又是什麼呢？

不變的眞理是你有權活出你的人生，活好活滿，每一刻都不放過，這是你最起碼的權利。你活著，你在呼吸，這就代表大自然要你、生命要你。只要你常懷慈悲心，不去傷害他人，那就沒有什麼不可以——嗯，幾乎什麼都可以啦。傾聽自己內在的聲音，這道聲音是世間最純淨的聲音。屬於你的眞理就是最偉大的宗教、最崇高的神，充實的感受來自走自己的路。對某些人來說，這條路可能是修行；對其他人來說，則可能是音樂、舞蹈、繪畫、寫作或閱讀。找到帶給你幸福快樂的東西，追求你想追求的目標。

我不是傳統的苦行僧或禁慾的和尚，我也不是固守儀式的祭司或僵化死板的傳道人。我只是把屬於我的眞理呈現在你面前，別無期待也別無居心，但憑你自由解讀。歡迎你找出對你而言很重要的東西，活出充實的人生，藉此找到你的自由。重寫你的規則，重新定義自己。不要讓人生平白溜走，你是無限可能的主宰。

我已給你我的眞理。現在，去發掘屬於你的眞理吧。

謝詞

有無數人對我的人生貢獻良多，我的感激超乎我所能表達的範圍。就像身體是無數細胞的集合體，我的人生便是由眾人的善舉組合而成。這部回憶錄和我的每一口呼吸，都是他們在我的心之畫布上留下的亮麗筆觸。

我最深切的感激要獻給堅忍不拔、生我養我的大地。普世眾生皆對我有恩，因爲我們都是一體相連的，每個人的所作所爲都會對他人造成影響。所以，宇宙賜給我的愛與平安，都是周遭旁人高尚行爲的直接結果。

有些人把我需要學習的東西教給我，有些人原諒我的過錯，有些人給我豐沛的愛，有些人無條件支持我；我很感激你們。

眾人對我這部回憶錄的貢獻非寥寥數語所能盡述。儘管如此，我必須特別點出幾位爲了宏願，努力不懈促成此書問世的人。

寫作非我所長。寫下這部回憶錄的初稿之後，我就認清這一點了。坦白說，本書的初稿讀來不像一本書，倒像微波爐操作手冊，因爲我純粹只是紀錄我這一生當中發生的事件而已。更有甚者，我還以爲自己寫得很好呢！但後來書稿來到依絲蜜塔·譚登（Ismita Tandon）手中，她是我的第一位編輯，也是一個很棒的人。經過她的巧手，書稿搖身一變有了新的樣貌。依絲蜜塔，謝謝妳對我和拙作不變的信心。

我本來考慮自費出版，但依絲蜜塔將書稿寄給哈潑柯林斯出版集團（HarperCollins）印度分公司的選書編輯露卡米妮·恰拉·庫瑪爾（Rukmini Chawla Kumar），她表達了出版本書的興趣。我還以爲書稿編輯的工作大致完成了，但露卡米妮憑著她對細節的講究大顯神威，她就像是從帽子裡變出兔子來的文字魔法師。露卡米妮，謝謝妳變的魔術，這種魔術只有妳變得出來。

人在加拿大的阿菊·莫吉爾（Anju Modgil）值得特別提出來，她勤讀我早期手稿的每一個字，並提醒我注意一些不夠清楚的地方。謝謝妳，阿菊，謝謝妳的熱情相挺和無與倫比的付出。

我也要謝謝波嫂、奧斯瓦德・皮瑞耶拉（Oswald Pereira）、納福賈特・高塔姆（Navjot Gautam）、哈普崔特・吉爾（Harpreet Gill）、蘇維・格爾岡斯（Suvi Gargas）、米納克什・阿利姆恰達尼（Meenakshi Alimchandani）、卡雷・貝拉科維奇（Kaley Belakovich）、施維塔・高塔姆（Shweta Gautam）、馬尼卡・高塔姆（Manik Gautam）和卡尼西卡・古佩塔（Kanishka Gupta）的批評指教。我也要爲兩位斯瓦米獻上感激：帕爾門那達斯瓦米（Parmananda Swami）和畢迪安南達斯瓦米。他們聽我聊過這部回憶錄的內容，並給了我很重要的建議。我也由衷感謝甘尼許・嗡（Ganesh Om）一針見血的深刻見解。

感謝厲害的封面設計師亞歷山大・馮・奈斯（Alexander von Ness）。感謝知名藝術家明維昂（Min Wae Aung）授權讓我們在封面上使用他的畫作。感謝哈潑柯林斯出版社的波妮塔・希姆雷（Bonita Shimray）爲封面設計注入更多創意。感謝拉揚・夏爾瑪（Rajan Sharma）贊助這件藝術品並處理相關事宜。

我想謝謝蘇里迪娃・拉奧（Sridevi Rao）和哈潑柯林斯出版社的行銷業務團隊無價

的付出，尤其是薩米爾・馬哈勒（Sameer Mahale）、伊迪・庫爾拉納（Iti Khurana）和席納・莫巴爾（Hina Mobar）。

不過，這還不是全部。爲能確保本書觸及更多讀者，還有一些人幫了很大的忙，尤其要感謝桑吉・瑪丹（Sanjeev Madan）、TR・拉馬恰德蘭（TR Ramachandran）、薩雷拉・潘恰巴基桑（Sarala Panchapakesan）、妮塔・辛伽爾（Neeta Singhal）、培薩德・帕拉蘇拉曼（Prasad Parasuraman），以及班加羅爾（Bangalore）的推廣教育基金會（Unnati Foundation）。

最後，若不是有維瓦克・休姆和納蘭達・阿納德（Narender Anand），這一切都不可能成眞。維瓦克爲我的整個求道大業慷慨提供無條件的金援，納蘭達則予以執行，毫無半點紕漏。謝謝你們兩位，斯瓦米感激不盡。

好了，我說這本書和我的人生都拜眾人的善舉所賜，你們現在知道爲什麼了。

橡樹林文化 ❖❖ 衆生系列 ❖❖ 書目

JP0048	西藏禪修書	克莉絲蒂・麥娜麗喇嘛◎著	300 元
JP0049	西藏心瑜伽 2 ：合而為一雙人篇	克莉絲蒂・麥娜麗喇嘛◎等著	300 元
JP0050	創作，是心靈療癒的旅程	茱莉亞・卡麥隆◎著	350 元
JP0051	擁抱黑狗：如何照顧憂鬱症患者，同時不忘呵護自己	馬修・約翰史東◎著	280 元
JP0053X	愛情的吸引力法則	艾莉兒・福特◎著	300 元
JP0054	幸福的雪域宅男	原人◎著	350 元
JP0055	貓馬麻：家貓、街貓、流浪貓和守護天使的故事	阿義◎著	350 元
JP0057X	內觀瑜伽：結合禪修與中醫的療癒之道	莎拉・鮑爾斯◎著	380 元
JP0058	29 個禮物：一個月的給予改變你的生命	卡蜜・沃克◎著	300 元
JP0059	花仙療癒占卜卡	張元貞◎著	799 元
JP0061	我的巧克力人生 可可女孩的快樂工作札記	吳佩容◎著	300 元
JP0062	這樣玩，讓孩子更專注、更靈性：幫助你的孩子克服壓力，更快樂、更善良、更有同情心	蘇珊・凱瑟・葛凌蘭◎著	350 元
JP0063	達賴喇嘛送給父母的幸福教養書	安娜・芭蓓蔻爾・史蒂文・李斯◎著	280 元
JP0064X	我還沒準備說再見：突然失去摯愛後，你可以這樣療癒自己	布蕾克・諾爾＆帕蜜拉・D・布萊爾◎著	400 元
JP0066	菩曼仁波切：台灣第一位轉世活佛	林建成◎著	320 元
JP0069	停心：停止時間 活出自己	釋心道◎著	380 元
JP0070	聞盡：呼喚內心的觀音	釋心道◎著	380 元
JP0072	希望之翼：倖存的奇蹟，以及雨林與我的故事	茱莉安・柯普科◎著	380 元
JP0074	因果，怎麼一回事？	釋見介◎著	240 元
JP0075	皮克斯動畫師之紙上動畫《羅摩衍那》	桑傑・帕特爾◎著	720 元
JP0076X	寫得快樂比寫得好更重要！拯救你的靈感，釋放你的心房，寫就對了！	茱莉亞・卡麥隆◎著	400 元
JP0077	願力的財富	釋心道◎著	380 元
JP0078	當佛陀走進酒吧	羅卓・林茲勒◎著	350 元
JP0079	人聲，奇蹟的治癒力	伊凡・德・布奧恩◎著	380 元

JP0080	【當和尚遇到鑽石 3】 瑜伽真的有用嗎？：身心靈覺醒的旅程	麥可．羅區格西◎著	400 元
JP0081	AKASH 阿喀許靜心 100	AKASH 阿喀許◎著	400 元
JP0082	世上是不是有神仙：生命與疾病的真相	樊馨蔓◎著	300 元
JP0083	世上是不是有神仙 2： 生命不僅僅如此──辟穀記（上）	樊馨蔓◎著	320 元
JP0084	世上是不是有神仙 3： 生命可以如此─辟穀記（下）	樊馨蔓◎著	420 元
JP0086	別癌無恙 ：我的重生旅程	李九如◎著	360 元
JP0087X	什麼樣的業力輪迴，造就現在的你	芭芭拉．馬丁＆狄米崔．莫瑞提斯◎著	420 元
JP0088	我也有聰明數學腦：15 堂課激發被隱藏的競爭力	盧采嫻◎著	280 元
JP0089	與動物朋友心傳心：因為愛， 我想聽懂、讀懂、看懂動物心事	羅西娜．瑪利亞．阿爾克蒂◎著	320 元
JP0090	法國清新舒壓著色畫 50：繽紛花園	伊莎貝爾．熱志－梅納＆紀絲蘭．史朵哈＆克萊兒．摩荷爾－法帝歐◎著	350 元
JP0091	法國清新舒壓著色畫 50：療癒曼陀羅	伊莎貝爾．熱志－梅納＆紀絲蘭．史朵哈＆克萊兒．摩荷爾－法帝歐◎著	350 元
JP0092	風是我的母親： 一位印第安薩滿巫醫的傳奇與智慧	熊心、茉莉．拉肯◎著	350 元
JP0093	法國清新舒壓著色畫 50：幸福懷舊	伊莎貝爾．熱志－梅納＆紀絲蘭．史朵哈＆克萊兒．摩荷爾－法帝歐◎著	350 元
JP0094X	尋訪六世達賴喇嘛的生死之謎： 走過情詩活佛倉央嘉措的童年和晚年	邱常梵◎著	450 元
JP0095	【當和尚遇到鑽石 4】愛的業力法則： 西藏的古老智慧，讓愛情心想事成	麥可．羅區格西◎著	450 元
JP0097	法國清新舒壓著色畫 50：璀璨伊斯蘭	伊莎貝爾．熱志－梅納＆紀絲蘭．史朵哈＆克萊兒．摩荷爾－法帝歐◎著	350 元
JP0098	最美好的都在此刻：53 個創意、幽默、 找回微笑生活的正念練習	珍．邱禪．貝斯醫生◎著	350 元
JP0099	愛，從呼吸開始吧！ 回到當下、讓心輕安的禪修之道	釋果峻◎著	300 元
JP0100	能量曼陀羅：彩繪內在寧靜小宇宙	保羅．霍伊斯坦、狄蒂．羅恩◎著	380 元
JP0101	爸媽何必太正經！ 幽默溝通，讓孩子正向、積極、有力量	南琦◎著	300 元
JP0102	舍利子，是什麼？	洪宏◎著	320 元
JP0103	我隨上師轉山：蓮師聖地溯源朝聖	邱常梵◎著	460 元
JP0104	光之手：人體能量場療癒全書	芭芭拉．安．布藍能◎著	899 元

JP0105	在悲傷中還有光： 失去珍愛的人事物，找回重新連結的希望	尾角光美◎著	300 元
JP0106	法國清新舒壓著色畫 45：海底嘉年華	小姐們◎著	360 元
JP0108	用「自主學習」來翻轉教育！ 沒有課表、沒有分數的瑟谷學校	丹尼爾・格林伯格◎著	300 元
JP0109	Soppy 愛賴在一起	菲莉帕・賴斯◎著	300 元
JP0110	我嫁到不丹的幸福生活：一段愛與冒險的故事	琳達・黎明◎著	350 元
JP0111X	TTouch® 神奇的毛小孩身心療癒術——狗狗篇	琳達・泰林頓瓊斯博士◎著	320 元
JP0112	戀瑜伽・愛素食：覺醒，從愛與不傷害開始	莎朗・嘉儂◎著	320 元
JP0113	TTouch® 神奇的毛小孩按摩術——貓貓篇	琳達・泰林頓瓊斯博士◎著	320 元
JP0114	給禪修者與久坐者的痠痛舒緩瑜伽	琴恩・厄爾邦◎著	380 元
JP0117	綻放如花——巴哈花精靈性成長的教導	史岱方・波爾◎著	380 元
JP0119	直面生死的告白—— 一位曹洞宗禪僧的出家緣由與說法	南直哉◎著	350 元
JP0120	OPEN MIND！房樹人繪畫心理學	一沙◎著	300 元
JP0122	寫給媽媽的佛法書： 不煩不憂照顧好自己與孩子	莎拉・娜塔莉◎著	320 元
JP0123	【當和尚遇到鑽石 5】修行者的祕密花園	麥可・羅區格西◎著	320 元
JP0124	貓熊好療癒：這些年我們一起追的圓仔 ~~ 頭號「圓粉」私密日記大公開！	周咪咪◎著	340 元
JP0125	用血清素與眼淚消解壓力	有田秀穗◎著	300 元
JP0126	當勵志不再有效：自我平靜的五步修煉	金木水◎著	320 元
JP0127	特殊兒童瑜伽	索妮亞・蘇瑪◎著	380 元
JP0128	108 大拜式：練習拜佛瑜伽，幫助你遠離病痛、 消除業障、增加正能量，找回全新的自己！	翁憶珍（JOYCE）◎著	380 元
JP0129	修道士與商人的傳奇故事： 經商中的每件事都是神聖之事	特里・費爾伯◎著	320 元
JP0130	靈氣實用手位法—— 西式靈氣系統創始者林忠次郎的療癒技術	林忠次郎、山口忠夫、 法蘭克・阿加伐・彼得◎著	450 元
JP0131	你所不知道的養生迷思——治其病要先明其 因，破解那些你還在信以為真的健康偏見！	曾培傑、陳創濤◎著	450 元
JP0132	貓僧人：有什麼好煩惱的喵～	御誕生寺（ごたんじょうじ）◎著	350 元
JP0133	昆達里尼瑜伽——永恆的力量之流	莎克蒂・帕瓦・考爾・卡爾薩◎著	599 元
JP0134	尋找第二佛陀・良美大師—— 探訪西藏象雄文化之旅	寧艷娟◎著	450 元
JP0135	聲音的治療力量： 修復身心健康的咒語、唱誦與種子音	詹姆斯・唐傑婁◎著	300 元

JP0136	一大事因緣：韓國頂峰無無禪師的不二慈悲與智慧開示（特別收錄禪師台灣行腳對談）	頂峰無無禪師、天真法師、玄玄法師◎著	380 元
JP0137	運勢決定人生——執業 50 年、見識上萬客戶資深律師告訴你翻轉命運的智慧心法	西中　務◎著	350 元
JP0138X	薩滿神聖藝術：祝福、療癒、能量——七十二幅滋養生命的靈性畫	費絲・諾頓◎著	480 元
JP0139	我還記得前世：我兩歲，我有天生棒球魂——來自洋基之光的轉世重生！	凱西・伯德◎著	360 元
JP0140	我走過一趟地獄	山姆・博秋茲◎著 貝瑪・南卓・泰耶◎繪	699 元
JP0141	寇斯的修行故事	莉迪・布格◎著	300 元
JP0142	全然接受這樣的我：18 個放下憂慮的禪修練習	塔拉・布萊克◎著	360 元
JP0143	如果用心去愛，必然經歷悲傷	喬安・凱恰托蕊◎著	380 元
JP0144	媽媽的公主病：活在母親陰影中的女兒，如何走出自我？	凱莉爾・麥克布萊德博士◎著	380 元
JP0145	創作，是心靈療癒的旅程	茱莉亞・卡麥隆◎著	380 元
JP0146X	一行禪師　與孩子一起做的正念練習：灌溉生命的智慧種子	一行禪師、梅村社群◎著	470 元
JP0147	達賴喇嘛的御醫，告訴你治病在心的藏醫學智慧！	益西・東登醫師◎著	380 元
JP0148	39 本戶口名簿：從「命運」到「運命」，用生命彩筆畫出不凡人生！	謝秀英◎著	320 元
JP0149	禪心禪意：不是有、亦非無；沒有界限，只有放鬆與覺知……	釋果峻◎著	300 元
JP0150	當孩子長大卻不「成人」……接受孩子不如期望的事實、放下身為父母的自責與內疚，重拾自己的中老後人生！	珍・亞當斯博士◎著	380 元
JP0151	不只小確幸，還要小確「善」！每天做一點點好事，溫暖別人，更為自己帶來 365 天全年無休的好運！	奧莉・瓦巴◎著	460 元
JP0154	祖先療癒：連結先人的愛與智慧，解決個人、家庭的生命困境，活出無數世代的美好富足！	丹尼爾・佛爾◎著	550 元
JP0155	母愛的傷也有痊癒力量：說出台灣女兒們的心裡話，讓母女關係可以有解！	南琦◎著	350 元
JP0156	24 節氣　供花禮佛	齊云◎著	550 元

JP0157	用瑜伽療癒創傷： 以身體的動靜，拯救無聲哭泣的心	大衛・艾默森 伊麗莎白・賀伯博士◎著	380 元
JP0158	命案現場清潔師：跨越生與死的斷捨離・ 清掃死亡最前線的真實記錄	盧拉拉◎著	330 元
JP0159	我很瞎，我是小米酒： 台灣第一隻全盲狗醫生的勵志犬生	杜韻如◎著	350 元
JP0160	日本神諭占卜卡： 來自眾神、精靈、生命與大地的訊息	大野百合子◎著	799 元
JP0161	宇宙靈訊之神展開	王郁惠、張景雯◎著繪	380 元
JP0162	哈佛醫學專家的老年慢療八階段：用三十年 照顧老大人的經驗告訴你，如何以個人化的 照護與支持，陪伴父母長者的晚年旅程。	丹尼斯・麥卡洛醫學博士◎著	450 元
JP0163	入流亡所：聽一聽・悟、修、證《楞嚴經》	頂峰無無禪師◎著	350 元
JP0165	海奧華預言：第九級星球的九日旅程・ 奇幻不思議的真實見聞	米歇・戴斯馬克特◎著	400 元
JP0166	希塔療癒：世界最強的能量療法	維安娜・斯蒂博◎著	620 元
JP0167	亞尼克　味蕾的幸福：從切片蛋糕到生 乳捲的二十年品牌之路	吳宗恩◎著	380 元
JP0168	老鷹的羽毛——一個文化人類學者的靈性之旅	許麗玲◎著	380 元
JP0169	光之手 2：光之顯現——個人療癒之旅・ 來自人體能量場的核心訊息	芭芭拉・安・布藍能◎著	1200 元
JP0170	渴望的力量：成功者的致富金鑰・ 《思考致富》特別金賺祕訣	拿破崙・希爾◎著	350 元
JP0171	救命新 C 望：維生素 C 是最好的藥， 預防、治療與逆轉健康危機的秘密大公開！	丁陳漢蓀、阮建如◎著	450 元
JP0172	瑜伽中的能量精微體： 結合古老智慧與人體解剖、深度探索全身的 奧秘潛能，喚醒靈性純粹光芒！	提亞斯・里托◎著	560 元
JP0173	咫尺到淨土： 狂智喇嘛督修・林巴尋訪秘境的真實故事	湯瑪士・K・修爾◎著	540 元
JP0174	請問財富・無極瑤池金母親傳財富心法： 為你解開貧窮困頓、喚醒靈魂的富足意識！	宇色 Osel ◎著	480 元
JP0175	歡迎光臨解憂咖啡店：大人系口味・ 三分鐘就讓您感到幸福的真實故事	西澤泰生◎著	320 元
JP0176	內壇見聞：天官武財神扶鸞濟世實錄	林安樂◎著	400 元
JP0177	進階希塔療癒： 加速連結萬有，徹底改變你的生命！	維安娜・斯蒂博◎著	620 元

JP0178	濟公禪緣：值得追尋的人生價值	靜觀◎著	300 元
JP0179	業力神諭占卜卡——遇見你自己・透過占星指引未來！	蒙特・法柏（MONTE FARBER）◎著	990 元
JP0180	光之手 3：核心光療癒——我的個人旅程・創造渴望生活的高階療癒觀	芭芭拉・安・布藍能◎著	799 元
JP0181	105 歲針灸大師治癒百病的祕密	金南洙◎著	450 元
JP0182	透過花精療癒生命：巴哈花精的情緒鍊金術	柳婷◎著	400 元
JP0183	巴哈花精情緒指引卡：花仙子帶來的 38 封信——個別指引與練習	柳婷◎著	799 元
JP0184X	醫經心悟記——中醫是這樣看病的	曾培傑、陳創濤◎著	480 元
JP0185	樹木教我的人生課：遇到困難時，我總是在不知不覺間，向樹木尋找答案……	禹鐘榮◎著	450 元
JP0186	療癒人與動物的直傳靈氣	朱瑞欣◎著	400 元
JP0187	愛的光源療癒——修復轉世傷痛的水晶缽冥想法	內山美樹子（MIKIKO UCHIYAMA）◎著	450 元
JP0188	我們都是星族人 0	王謹菱◎著	350 元
JP0189	希塔療癒——信念挖掘：重新連接潛意識　療癒你最深層的內在	維安娜・斯蒂博◎著	450 元
JP0190	水晶寶石　光能療癒卡（64 張水晶寶石卡＋指導手冊＋卡牌收藏袋）	AKASH 阿喀許 Rita Tseng 曾桂鈺◎著	1500 元
JP0191	狗狗想要說什麼——超可愛！汪星人肢體語言超圖解	程麗蓮（Lili Chin）◎著	400 元
JP0192	瀕死的慰藉——結合醫療與宗教的臨終照護	玉置妙憂◎著	380 元
JP0193	我們都是星族人 1	王謹菱◎著	450 元
JP0194	出走，朝聖的最初	阿光（游湧志）◎著	450 元
JP0195	我們都是星族人 2	王謹菱◎著	420 元
JP0196	與海豚共舞的溫柔生產之旅——從劍橋博士到孕產師，找回真實的自己，喚醒母體的力量	盧郁汶◎著	380 元
JP0197	沒有媽媽的女兒——不曾消失的母愛	荷波・艾德蔓◎著	580 元
JP0198	神奇的芬活——西方世界第一座靈性生態村	施如君◎著	400 元
JP0199	女神歲月無痕——永遠對生命熱情、保持感性與性感，並以靈性來增長智慧	克里斯蒂安・諾斯拉普醫生◎著	630 元
JP0200	願來世當你的媽媽	禪明法師◎著	450 元
JP0201	畫出你的生命之花：自我療癒的能量藝術	柳婷◎著	450 元
JP0202	我覺得人生不適合我：歡迎光臨苦悶諮商車，「瘋狂」精神科醫師派送幸福中！	林宰暎◎著	400 元
JP0203	一名尋道者的開悟之旅	嗡斯瓦米◎著	500 元

First published in Chinese Complex Language by Oak Tree Publishing Publications
By arrangement with HarperCollins Publishers India Private Limited

衆生系列 JP0203

一名尋道者的開悟之旅

If Truth Be Told: A Monk's Memoir

作　　者／嗡斯瓦米（Om Swami）
譯　　者／賴許刈
責任編輯／劉昱伶
業　　務／顏宏紋

總 編 輯／張嘉芳
出　　版／橡樹林文化
城邦文化事業股份有限公司
104 台北市民生東路二段 141 號 5 樓
電話：(02)2500-7696　傳眞：(02)2500-1951
發　　行／英屬蓋曼群島商家庭傳媒股份有限公司城邦分公司
104 台北市中山區民生東路二段 141 號 5 樓
客服服務專線：(02)25007718；25001991
24 小時傳眞專線：(02)25001990；25001991
服務時間：週一至週五上午 09:30 ～ 12:00；下午 13:30 ～ 17:00
劃撥帳號：19863813　戶名：書虫股份有限公司
讀者服務信箱：service@readingclub.com.tw
香港發行所／城邦（香港）出版集團有限公司
香港灣仔駱克道 193 號東超商業中心 1 樓
電話：(852)25086231　傳眞：(852)25789337
馬新發行所／城邦（馬新）出版集團【Cité (M) Sdn.Bhd. (458372 U)】
41, Jalan Radin Anum, Bandar Baru Sri Petaling,
57000 Kuala Lumpur, Malaysia.
電話：(603) 90563833　傳眞：(603) 90576622
Email：services@cite.my

內　文／歐陽碧智
封　面／兩棵酸梅
印　刷／中原造像股份有限公司

初版一刷／ 2022 年 10 月
ISBN ／ 978-626-96324-6-6
定價／ 500 元

城邦讀書花園
www.cite.com.tw

國家圖書館出版品預行編目（CIP）資料

一名尋道者的開悟之旅 / 嗡斯瓦米 (Om Swami) 著；賴許刈譯 . -- 初版 . -- 臺北市：橡樹林文化，城邦文化事業股份有限公司出版：英屬蓋曼群島商家庭傳媒股份有限公司城邦分公司發行，2022.10
面； 公分 . --（衆生；JP0203）
譯自：If truth be told : a monk's memoir.
ISBN 978-626-96324-6-6（平裝）

1.CST: 嗡斯瓦米 (Om Swami) 2.CST: 傳記 3.CST: 印度教 4.CST: 靈修

274.9　　111014200

廣 告 回 函
北區郵政管理局登記證
北 台 字 第 10158 號

郵資已付 免貼郵票

104 台北市中山區民生東路二段 141 號 5 樓

城邦文化事業股份有限公司

橡樹林出版事業部 收

請沿虛線剪下對折裝訂寄回，謝謝！

|橡|樹|林|

書名：一名尋道者的開悟之旅 書號：JP0203

橡樹林文化

讀者回函卡

感謝您對橡樹林出版社之支持，請將您的建議提供給我們參考與改進；請別忘了給我們一些鼓勵，我們會更加努力，出版好書與您結緣。

姓名：＿＿＿＿＿＿＿＿ □女 □男　生日：西元＿＿＿＿＿年

Email：＿＿＿＿＿＿＿＿＿＿＿＿＿＿＿＿

●您從何處知道此書？

□書店 □書訊 □書評 □報紙 □廣播 □網路 □廣告 DM

□親友介紹 □橡樹林電子報 □其他＿＿＿＿＿＿

●您以何種方式購買本書？

□誠品書店 □誠品網路書店 □金石堂書店 □金石堂網路書店

□博客來網路書店 □其他＿＿＿＿＿＿

●您希望我們未來出版哪一種主題的書？（可複選）

□佛法生活應用 □教理 □實修法門介紹 □大師開示 □大師傳記

□佛教圖解百科 □其他＿＿＿＿＿＿

●您對本書的建議：

＿＿＿＿＿＿＿＿＿＿＿＿＿＿＿＿＿＿＿＿

＿＿＿＿＿＿＿＿＿＿＿＿＿＿＿＿＿＿＿＿

＿＿＿＿＿＿＿＿＿＿＿＿＿＿＿＿＿＿＿＿

非常感謝您提供基本資料，基於行銷及客戶管理或其他合於營業登記項目或章程所定業務需要之目的，家庭傳媒集團（即英屬蓋曼群商家庭傳媒股分有限公司城邦分公司、城邦文化事業股分有限公司、書虫股分有限公司、墨刻出版股分有限公司、城邦原創股分有限公司）於本集團之營運期間及地區內，將不定期以MAIL訊息發送方式，利用您的個人資料於提供讀者產品相關之消費與活動訊息，如您有依照個資法第三條或其他需服務之務，得致電本公司客服。

我已經完全了解左述內容，並同意本人資料依上述範圍內使用。

＿＿＿＿＿＿＿＿＿＿（簽名）

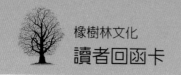